BEI GRIN MACHT SICH IHR WISSEN BEZAHLT

- Wir veröffentlichen Ihre Hausarbeit,
  Bachelor- und Masterarbeit

- Ihr eigenes eBook und Buch -
  weltweit in allen wichtigen Shops

- Verdienen Sie an jedem Verkauf

Jetzt bei www.GRIN.com hochladen
und kostenlos publizieren

GRIN

Johanna Spyri

Deutsche Klassiker

Band 46

Wie Wiselis Weg gefunden wird

aus: Zwei Geschichten für Kinder und auch für solche, welche die Kinder lieb haben

GRIN Verlag

Bibliografische Information der Deutschen Nationalbibliothek:

Die Deutsche Bibliothek verzeichnet diese Publikation in der Deutschen National-
bibliografie; detaillierte bibliografische Daten sind im Internet über http://dnb.d-
nb.de/ abrufbar.

Impressum:

Copyright © 2008 GRIN Verlag GmbH
Druck und Bindung: Books on Demand GmbH, Norderstedt Germany
ISBN: 978-3-640-23589-6

GRIN - Your knowledge has value

Der GRIN Verlag publiziert seit 1998 wissenschaftliche Arbeiten von Studenten, Hochschullehrern und anderen Akademikern als eBook und gedrucktes Buch. Die Verlagswebsite www.grin.com ist die ideale Plattform zur Veröffentlichung von Hausarbeiten, Abschlussarbeiten, wissenschaftlichen Aufsätzen, Dissertationen und Fachbüchern.

Besuchen Sie uns im Internet:

http://www.grin.com/

http://www.facebook.com/grincom

http://www.twitter.com/grin_com

Johanna Spyri

Wie Wiselis Weg gefunden wird

[aus „Heimatlos S. 129-235 ", erstmalig erschienen 1878]

Inhalt

Auf dem Schlittweg.

Draußen vor der Stadt Bern liegt ein Dörflein an einer Halde. Ich kann hier nicht wohl sagen, wie es heißt, aber ich will es ein wenig beschreiben; wer dann dahinkommt, der kann es gleich erkennen. Oben auf der Anhöhe steht ein einzelnes Haus mit einem Garten daran, voll schöner Blumen von allen Arten; das gehört dem Oberst Ritter und heißt „Auf der Halde". Von da geht es hinunter; dann steht auf einem kleinen, ebenen Platze die Kirche und daneben das Pfarrhaus, — dort hat die Frau des Obersten als Pfarrerstochter ihre fröhliche Kindheit verlebt. Etwas weiter unten hin kommt das Schulhaus und noch einige Häuser beisammen, und dann links am Wege noch ein Häuschen ganz allein; davor liegt auch ein Gärtchen mit ein paar Rosen und ein paar Nelken und ein paar Resedastöckchen, daneben aber mit Zichorien und Spinat bepflanzt und mit einer niederen Hecke von Johannisbeersträuchern umgeben. Alles ist da immer in bester Ordnung und kein Unkraut zu sehen. Dann geht der Weg wieder bergab die ganze, lange Halde hinunter bis auf die große Straße, die der Aare entlang geht ins Land hinaus. Diese ganze, lange Halde bildete zur Winterszeit den herrlichsten Schlittweg, der weit und breit zu finden war; wohl zehn Minuten lang konnte man da auf dem Schlitten sitzen bleiben, ohne abzusteigen; denn war man vom Hause des Obersten an bei diesem ersten, steilen Absatz einmal recht in den Zug gekommen, so gingen die Schlitten vorwärts ohne Nachhilfe bis hinunter auf die Aarestraße. Diese unvergleichliche Schlittenbahn machte denn auch das Lebensglück einer großen Schar von Kindern aus, die alle, sobald nur die alte Schulstubentür sich öffnete, sich herausstürzten, ihre Schlitten vom Haufen rissen, den sie im

Vorhof bildeten, und mit Windeseile dem Schlittweg zurannten, wo die Stunden verflogen, man wußte nicht wie, denn unten am Berge war man immer im Augenblick, und beim Heraufsteigen dachte man so eifrig ans nächste Hinunterfahren, daß es unmerklich schnell getan war. So brach immer zum großen Schrecken der Kinder die Nacht herein, lang ehe sie erwartet war, denn dies war die Zeit, da fast alle nach Hause gehen mußten. Da folgte dann gewöhnlich noch ein ziemlich stürmisches Ende, denn da wollte man schnell noch einmal fahren und dann noch einmal und dann nur noch ein einziges Mal, und so mußte dann alles noch in größter Eile zugehen, das Aufsitzen und das Abfahren und wieder die Rückkehr den Berg hinauf. Da war auch ein Gesetz errichtet worden, daß keiner sollte hinunterfahren, während die anderen hinaufstiegen, sondern hintereinander sollten alle abfahren und miteinander alle zurückkehren, damit kein Gedränge und Schlittenverwickelungen entstehen könnten. Manchmal aber gab es doch allerlei ungesetzliche Verwirrungen, besonders auf diesen drangvollen Schlußfahrten, da dann keiner zuletzt sein und etwa noch zu kurz kommen wollte. So war es auch an einem hellen Januarabend, da vor Kälte die Schlittenbahn laut knisterte unter den Füßen der Kinder und der Schnee nebenan auf den Feldern so hart gefroren war, daß man hätte darauf fahren können wie auf einer festen Straße. Die Kinder aber waren alle glühend rot und heiß dazu, denn eben waren sie im angestrengten Lauf den ganzen Berg heraufgeeilt, ihre Schlitten nachziehend und sie nun stracks umwendend und sich darauf stürzend, denn es hatte Eile; drüben stand schon hell der Mond am Himmel und die Betglocke hatte auch schon geläutet. Die Buben hatten aber alle gerufen: „Noch einmal! Noch einmal!" Und die Mädchen waren einverstanden. Aber beim Aufsitzen gab es eine Verwirrung und einen großen Lärm: drei Buben wollten durchaus auf demselben Platze mit ihren Schlitten stehen, und keiner wollte auch nur einen Zoll zurückweichen und später abfahren. So drückten sie einander auf die Seite hin, und der breite Chäppi wurde von den beiden anderen so gegen den Rand des Weges hin gestoßen, daß er ganz in den Schnee hineinsank mit seinem schweren Keßlerschlitten und fühlte, daß er unter ihm stecken blieb. Eine große Wut ergriff ihn beim Gedanken, daß die anderen nun abfahren möchten; er schaute um sich. Da fiel sein Blick auf ein kleines, schmales Mädchen, das neben ihm im Schnee stand; es war ganz bleich und hielt beide Arme in seine Schürze gewickelt, um wärmer zu haben, aber es zitterte doch vor Frost an seinem ganzen dünnen Körperchen. Das schien dem Chäppi ein passender Gegenstand zu sein, seine Wut daran auszulassen.

„Kannst du einem nicht aus dem Wege gehen, du lumpiges Ding du? du brauchst nicht hier zu stehen, du hast ja nicht einmal einen Schlitten. Wart nur, ich will dir schon aus dem Wege helfen." Damit stieß der Chäppi seinen Stiefel in den Schnee hinein, um dem Kinde eine Schneewolke entgegenzuwerfen. Es floh zurück, so daß es bis an die Knie in den Schnee hineinsank, und sagte schüchtern: „Ich wollte nur zusehen!" Der Chäppi stieß eben seinen Stiefel noch einmal in den Schnee hinein, als ihn von hinten eine so erschütternde Ohrfeige traf, daß er fast vom Schlitten herunterfuhr. „Wart du!" rief er außer sich vor Erbitterung, denn sein Ohr sauste, wie es noch kaum je gesaust hatte, und mit geballter Faust kehrte er sich um, seinen Feind zu treffen. Da stand einer hinter ihm, der hatte eben seinen Schlitten zurechtgestellt zum Abfahren, und schaute nun ganz ruhig auf den Chäppi nieder und sagte: „Probier's!" Es war Chäppis Klassengenosse, der elfjährige Otto Ritter, der öfter mit dem Chäppi kleine Verschiedenheiten auszugleichen hatte. Otto war ein schlanker, aufgeschossener Junge, lange nicht so breit

wie der Chäppi; aber dieser hatte schon mehr als einmal
erfahren, daß Otto eine merkwürdige Gewandtheit in Händen
und Füßen besaß, gegen welche der Chäppi sich nicht zu helfen
wußte. Er schlug nicht zu, aber die geballte Faust hielt er immer
in die Höhe und wuterfüllt rief er: „Laß du mich gehen, ich
habe nichts mit dir zu tun!" – „Aber ich mit dir", entgegnete
Otto kriegerisch. „Was brauchst du das Wiseli dorthinein zu
jagen und ihm noch Schnee anzuwerfen; ich habe dich wohl
gesehen, du Feigling, der ein Kleines verfolgt, das sich nicht
wehren kann." Damit kehrte er verächtlich dem Chäppi den
Rücken und wandte sich dem Schneefelde zu, wo das bleiche
Wiseli noch immer stand und zitterte. „Komm heraus aus dem
Schnee, Wiseli", sagte Otto beschützend. „Siehst du, du
klapperst ja vor Frost. Hast du wirklich gar keinen Schlitten
und hast nur zusehen müssen? Da, nimm den meinen und fahr
einmal hinunter, schnell, siehst du, da fahren sie schon." Das
bleiche, schüchterne Wiseli wußte gar nicht, wie ihm geschah;
zwei-, dreimal hatte es zugeschaut, wie eines nach dem anderen
auf seinem Schlitten saß, und gedacht: „Wenn ich nur ein
einziges Mal ganz hinten aufsitzen dürfte", wo schon drei auf
einem Schlitten saßen. Nun sollte es allein hinunterfahren
dürfen und dazu auf dem allerschönsten Schlitten mit dem
Löwenkopf vorn, der immer allen anderen zuvorkam, weil er
so leicht war und hoch mit Eisen beschlagen. Vor lauter Glück
stand Wiseli ganz unschlüssig da und schaute nach dem Chäppi,
ob er es nicht vielleicht zu prügeln gedenke zur Strafe für sein
Glück. Aber der saß jetzt ganz abgekühlt da, so als wäre gar
nichts geschehen, und Otto stand so schutzverheißend daneben,
daß ihm der Mut kam, sein Glück zu erfassen; es setzte sich
wirklich auf den schönen Schlitten, und da nun Otto mahnte:
„Mach, mach, Wiseli, fahr ab", so gehorchte es, und hinunter
ging's, wie vom Winde getragen. In der kürzesten Zeit hörte

Otto die ganze Gesellschaft wieder herankeuchen, und er rief entgegen: „Wiseli, bleib unter den Vordersten und sitz gleich noch einmal auf und fahr zu; nachher müssen wir gehen." Das glückliche Wiseli setzte sich noch einmal hin und genoß noch einmal die langersehnte Freude. Dann brachte es seinen Schlitten und dankte ganz schüchtern seinem Wohltäter, mehr mit den freudestrahlenden Augen, als mit Worten, dann rannte es eilig davon. Otto fühlte sich sehr befriedigt. „Wo ist das Miezi?" rief er in die sich zerstreuende Gesellschaft hinein. „Da ist es", ertönte eine fröhliche Kinderstimme, und aus dem Knäuel heraus trat ein rundes, rotbackiges kleines Mädchen, das der Bruder Otto als kräftiger Schutzmann bei der Hand faßte und nun mit ihm dem väterlichen Hause zueilte, denn es war heute spät geworden; die erlaubte Zeit des Schlittens war ziemlich lange überschritten.

Daheim, wo's gut ist.

Als Otto und seine Schwester durch die lange, steinerne Hausflur hereinstürmten, trat die alte Trine aus einer Tür und hielt ihr Licht in die Höhe, um besser zu sehen, was dahergetrappelt kam. „So, endlich!" sagte sie, halb zankend, halb wohlgefällig. „Die Mutter hat schon lange nachgefragt, aber da war kein Bein zu sehen, und acht Uhr hat's geschlagen vor weiß kein Mensch wie langer Zeit." Die alte Trine war schon Magd in der Familie gewesen, als die Mutter der beiden Kinder zur Welt kam; so hatte sie große Rechte im Hause und fühlte sich durchaus als Glied desselben, eigentlich als Haupt, denn an Alter und Erfahrung war sie die erste. Die alte Trine war durchaus vernarrt in beide Kinder ihrer Herrschaft und sehr stolz auf alle ihre Anlagen und Eigenschaften; das ließ sie aber nicht merken, sondern sprach immer im Tone halber Entrüstung von ihnen, denn das fand sie heilsam zu ihrer Erziehung. „Schuhe aus, Pantoffeln an!" rief sie jetzt, Ordnung gebietend; der Befehl wurde aber gleich darauf von ihr selbst vollzogen, denn sofort kniete sie vor Otto hin, der sich auf einem Sessel niedergelassen hatte, und zog ihm die nassen Schuhe aus. Die kleine Schwester stand unterdessen mitten in der Stube still und rührte sich nicht, was sonst nicht ihre Art war, so daß die alte Trine während ihrer Arbeit ein paarmal hinüberschielte. Jetzt war Otto gerüstet, und Miezchen sollte auf dem Sessel sitzen; aber es stand noch auf demselben Platze und rührte sich nicht. „Nu, nu, wollen wir warten, bis es Sommer wird, dann trocknen die Schuhe von selbst", sagte die Trine, auf ihren Knieen harrend. „Bst! bst! Trine, ich habe etwas gehört; wer ist in der großen Stube?" fragte Miezchen und hob den Zeigefinger etwas drohend in die Höhe. „Alles Leute

9

mit trockenen Schuhen, und andere kommen nicht hinein. Jetzt wag's und sitz nieder", mahnte Trine. Aber anstatt zu sitzen, machte Miezchen einen Sprung und rief: „Jetzt hab' ich's wieder gehört, so lacht der Onkel Max." – „Was?" schrie Otto und war mit einem Satz bei der Tür. – „Wart! wart!" schrie Miezchen nach und wollte gleich mit zur Tür hinaus; aber jetzt wurde es abgefaßt und auf den Stuhl gesetzt, die alte Trine hatte jedoch einen schweren Stand mit den zappelnden Füßchen. Indessen gelang die Arbeit, und nun stürzte Miezchen zur Tür hinaus und hinüber in die große Stube hinein und direkt auf den Onkel Max los, der richtig dort im Lehnstuhl saß. Da war nun ein großer Freudenlärm und ein Grüßen und ein Willkommenrufen in allen Tönen, und in das Gelärm der Kinder stimmte der Onkel Max wacker mit ein, und es währte geraume Zeit, bis sich der Tumult etwas gelegt hatte und die Festfreude einen ruhigen Charakter annahm. Denn ein Fest für die Kinder war die Erscheinung des Onkels jedesmal und aus triftigen Gründen. Der Onkel Max war ihr besonderer Freund; er war fast immer auf Reisen und kam nur alle paar Jahre einmal zum Besuch; dann gab er sich aber mit den Kindern ab, als gehörten sie ihm selber an, und was er für wunderbar herrliche Sachen in allen Taschen für sie brachte, das war gar mit nichts zu vergleichen, denn es war alles ganz fremdartig und zauberhaft. Der Onkel Max war ein Naturforscher und reiste in allen Winkeln der Erde umher und aus jedem brachte er etwas Eigentümliches mit.

Endlich saß die Gesellschaft geordnet um den Tisch herum und die dampfende Schüssel brachte noch völlige Besänftigung in die aufgeregten Gemüter, denn von der Schlittbahn wurde immer ein richtiger Appetit mitgebracht. „So", sagte der Papa, über den Tisch hinüberblickend, wo an der Seite der Mutter das Töchterchen fleißig arbeitete, „so, so, heut' hat also das

Miezchen keine Hand für seinen Papa, noch hab' ich keinen Gruß bekommen, und jetzt ist keine Zeit mehr dazu."

Etwas zerknirscht schaute das Miezchen von seinem Teller auf und sagte: „Aber Papa, aber ich habe es nicht mit Fleiß getan und jetzt will ich gleich –", und damit stieß sie mit großer Anstrengung den Sessel zurück; aber der Papa rief: „Nein, nein, jetzt nur keine Ruhestörung. Da gib die Hand über den Tisch hin, das übrige wollen wir nachher bestellen; so ist's recht, Miezchen." – „Wie hat man eigentlich das Kind getauft, Marie? Ich war zwar auch dabei, aber ich habe keine Ahnung davon, welcher Name in der Kirche ausgesprochen wurde, Miezchen doch nicht?" sagte der Onkel lachend. „Wirklich warst du dabei, Max", entgegnete seine Schwester, „da du des Kindes Pate bist. Es erhielt damals den Namen Marie; sein Papa machte daraus ein Miezchen, und Otto hat den Namen noch recht unnütz vervielfältigt." – „O nein, Mama, wirklich nicht unnütz", rief Otto ernsthaft herüber. „Siehst du, Onkel, das geht nach ganz bestimmten Regeln. Wenn dies kleine nichtige Wesen ordentlich und sanftmütig ist, dann nenn' ich es Miezchen; das geschieht aber selten, und im gewöhnlichen Leben nenn' ich es daher Miezi. Wird es aber bös, dann sieht es ganz aus wie ein kleiner Katzenreuel und muß Miez genannt werden, der Miez." „Ja, ja, Otto", tönte es nun zurück, „und wenn du bös wirst, dann siehst du ganz aus wie ein – wie ein –" „Wie ein Mann", ergänzte Otto, und da dem Miezchen eben kein Vergleich zu Gebote stand, so arbeitete es jetzt um so emsiger an seinem Brei herum. Der Onkel lachte laut auf. „Das Miezchen behält recht", rief er; „seinen Geschäften obliegen ist besser, als auf Schmähungen antworten." „Aber, Kinder", setzte er nach einer Weile hinzu, „nun bin ich mehr als ein Jahr nicht hier gewesen und ihr habt mir noch gar nichts erzählt; was habt ihr denn

11

alles erlebt unterdessen?" Die neuesten Ereignisse erfüllten zunächst den Sinn der Kinder: so wurde gleich mit großer Lebhaftigkeit, meistens im Chor, die eben erlebte Geschichte erzählt, wie der Chäppi das Wiseli behandelt, wie es fror und im Schnee stand und keinen Schlitten hatte und endlich doch noch zu zwei Fahrten kam. „So ist's recht, Otto", sagte der Papa; „du mußt deinem Namen Ehre machen, für die Wehrlosen und Verfolgten mußt du immer ein Ritter sein. Wer ist das Wiseli?" – „Du kannst das Kind und seine Mutter kaum kennen", sagte die Mama, zu ihrem Manne gewandt; „aber der Onkel Max kennt Wiselis Mutter recht gut. Du kannst dich doch noch auf den mageren Leineweber besinnen, Max, der unser Nachbar war. Er hatte ein einziges Kind mit großen braunen Augen, das oft bei uns im Pfarrhaus war und so schön singen konnte; kommt dir da die Erinnerung daran wieder?"

Bevor aber die weiteren Erinnerungen zur Verhandlung kamen, steckte die alte Trine ihren Kopf zur Tür herein und rief: „Der Schreiner Andres möchte gern der Frau Oberst einen Bericht abgeben, wenn er nicht stört." Diese harmlosen Worte bewirkten eine wahre Verheerung in der Gesellschaft. Die Mutter legte den Servierlöffel, mit dem sie soeben dem Onkel entgegenkommen wollte, beiseite, sagte eilig: „Um Entschuldigung, ihr Herren!" und ging davon. Otto sprang so stürmisch auf, daß er seinen Stuhl hintenhinaus warf und dann selbst darüber stürzte, als er fortgaloppieren wollte. Das Miezchen hatte ähnliche Taten vor, aber der Onkel hatte seine ersten Bewegungen zum Aufruhr gesehen und hielt es nun mit beiden Armen fest. Aber es zappelte jämmerlich und schrie: „Laß los, Onkel, laß los. Im Ernst, ich muß gehen."

„Wohin denn, Miezchen?"

„Zum Schreiner Andres. Laß schnell los! Hilf, Papa, hilf!"

„Wenn du mir sagst, was du vom Schreiner Andres willst, so lass' ich dich los."

„Das Schaf hat nur noch zwei Beine und keinen Schwanz, und nur der Schreiner Andres kann ihm helfen. Jetzt laß los." Nun stürmte auch das Miezchen fort. Die Herren schauten einander an, und Onkel Max schlug ein helles Gelächter auf und rief: „Wer ist denn der Schreiner Andres, um den deine ganze Familie sich zu reißen scheint?"

„Das mußt du besser wissen als ich", entgegnete der Oberst; „es wird wohl ein Jugendfreund von dir sein, und das Fieber der Verehrung wird auch dich noch ergreifen, es muß in eurer Familie sein, bei uns hat es die Mutter verbreitet. Ich kann dir so viel sagen, daß der Schreiner Andres völlig der Grundstein meines Hauses ist, auf dem alles feststeht und entschieden auseinandergehen würde, sollte dem Hause dieser Halt entkommen. Der Schreiner Andres ist hier Rat, Trost, Heil und Hilfe in der Bedrängnis. Strebt meine Frau nach einem Hausgerät, von dem sie gar nicht weiß, wie es aussehen soll, noch wozu man es braucht, – der Schreiner Andres erfindet es und schafft es zur Stelle. Bricht Feuers- oder Wassersnot in der Küche oder im Waschhaus los, – der Schreiner Andres greift in die Elemente und bringt das Feuer ins Stocken und das Wasser in Fluß. Macht mein Sohn einen recht dummen Streich, – der Schreiner Andres dreht ihn wieder zurecht. Schmeißt meine Tochter das sämtliche Hausgeräte entzwei, – der Schreiner Andres leimt es wieder zusammen. So ist der Schreiner Andres recht eigentlich die stützende Säule meines Hauses, und wenn diese zusammenbrechen würde, so gingen wir alle in Trümmer."

Die Mutter war unterdessen wieder eingetreten, und wohl zu ihrem Besten schilderte der Vater die Verdienste des Schreiners Andres so eingehend. Onkel Max lachte, daß es schallte.

„Lacht ihr nur! Lacht ihr nur!" sagte die Mutter. „Ich weiß schon, was ich an dem Schreiner Andres habe." „Und ich auch", bemerkte der Vater mit spöttischem Lächeln.

„Und ich auch!" behauptete das Miezchen herzhaft, das wieder auf seinem Platze saß.

„Und ich auch!" brummte der Otto, dem der Knöchel noch sauste von seinem Sturz über den Stuhl hin.

„So, nun sind wir alle einer Meinung", bemerkte die Mutter, „nun können die Kinder in Frieden zu Bette gehen." Auf diese Anzeige hin drohte dem Frieden gleich eine Störung; aber es half nichts, die alte Trine stand schon vor der Tür und wachte, daß die Hausordnung nicht überschritten werde. Die Kinder mußten abtreten, und gleich nachher verschwand die Mutter auch noch einmal, denn die Kinder schliefen nicht ein, ohne daß die Mutter zum Nachtgebet noch an ihre Betten gekommen war.

Als nun alles still und ruhig war, kam die Mutter wieder zu den Herren zurück und setzte sich nun so recht zum Bleiben hin.

„Endlich", sagte da der Oberst hoch aufatmend, als habe er die Feinde hinter sich. „Siehst du, Max, erst gehört meine Frau dem Schreiner Andres, dann ihren Kindern und dann ihrem Mann, wenn noch etwas übrig bleibt."

„Und siehst du, Max", sagte die Mutter lachend, „wenn mein Mann noch so arg höhnt: er mag unseren guten Schreiner

Andres gerade so gern wie wir alle; gestehe es nur ein, Mann! Eben hat mir Andres auch für dich noch einen Auftrag übergeben, er hat seine jährliche Summe gebracht und bittet um deinen Beistand."

„Das ist wahr", sagte der Oberst; „einen ordentlicheren, fleißigeren, zuverlässigeren Mann kenne ich nicht. Dem würde ich Weib und Kind und Hab' und Gut und alles anvertrauen wie keinem anderen; das ist der ehrlichste, wackerste Mann in unserer ganzen Gemeinde und noch weit darüber hinaus."

„Jetzt siehst du, Max", sagte die Frau lachend; „ich konnte doch nicht mehr sagen." Ihr Bruder lachte mit über den Eifer, in den der Oberst unversehens gefallen war. Dann entgegnete er: „Nun habt ihr mir alle so viel von eurem Wundermann vorerzählt, daß ich wirklich wissen möchte, woher er stammt und wie er aussieht. Habe ich ihn denn noch nicht gesehen hier?"

„Ach, du hast ihn ja so gut gekannt, Max", entgegnete seine Schwester; „du mußt dich durchaus noch des Andres erinnern, mit dem wir zur Schule gingen. Weißt du denn nicht mehr, wie zwei Brüder zusammen in derselben Klasse mit dir waren? Der ältere war damals schon ein rechter Taugenichts; er war gar nicht dumm, aber tat nichts und blieb darum stecken und kam dann mit dem viel jüngeren Bruder in eine Klasse zusammen, in welcher du auch warst. Du mußt dich gewiß erinnern, er hieß Jörg und hatte ganz schwarzes, steifes Haar. Er bewarf uns, wo er konnte, mit irgend etwas, mit unreifen Äpfeln und Birnen und dann mit Schneeballen, und rief uns überall nach: 'Aristokratenbrut!'"

„O der, der", rief Onkel Max lachend, „ja, nun weiß ich auf einmal alles. Richtig, 'Aristokratenbrut' rief er uns beständig nach; ich möchte nur wissen, wie ihm das Wort in den Sinn kam. Er war ein widerwärtiger Kerl; ich weiß. Da sah ich ihn einmal einen viel kleineren Jungen ganz unbarmherzig durchprügeln; dem half ich aber, dafür rief er mir wohl zwölfmal nach: 'Aristokratenbrut!' Ach, nun weiß ich auch auf einmal, wer der andere war; das war der magere, kleine Andres, sein Bruder, das ist gewiß euer Andres, und dann ist das auch der Andres mit den Veilchen, nicht wahr, Marie? O, jetzt versteh' ich schon die dicke Freundschaft", lachte Onkel Max auf's neue auf. – „Was Veilchen, das muß ich wissen", fiel der Oberst ein. – „O, die Geschichte ist mir auf einmal vor Augen, als wäre sie gestern geschehen", sagte der Onkel ganz angeregt von seinen Erinnerungen; „die muß ich dir erzählen, Otto. Du weißt vielleicht durch deine Frau, daß wir hier im Dorfe in jenen glücklichen Zeiten unserer Kindheit einen alten Schullehrer hatten, der fand, daß alle Mängel und Gebrechen der Schulkinder aus ihnen heraus- und alle Fähigkeiten und guten Eigenschaften in sie hineingeprügelt werden könnten. So war er genötigt, sehr viel zu prügeln, um den einen oder andern guten Zweck zu erreichen, manchmal auch beide auf einmal. Einmal nun war ihm der magere Andres unter die Hand gekommen; dem schlug er nun so kräftig seine wohlgemeinte Ermahnung auf den Rücken, daß der Andres laut aufschrie. In diesem Augenblick stand meine kleine Schwester, die kürzlich in die Schule eingetreten war und sich noch nicht so recht in die daselbst herrschenden Gebräuche eingelebt hatte, plötzlich auf von ihrem Sitze auf der ersten Bank und schritt eilig der Tür zu. Einen Augenblick hielt der Schullehrer inne mit seiner Arbeit und rief ihr nach: 'Wo läufst du hin?' Marie kehrte sich um; die hellen Tränen liefen ihr über die Backen herunter und sie sagte ganz aufrichtig: 'Ich will heimgehen und es dem Papa sagen.' 'Wart, ich will dir', rief jetzt der Schullehrer in großer Überraschung und stürzte vom Andres weg auf die kleine Marie

16

los; die prügelte er aber nicht, er nahm sie nur beim Arm und setzte sie ziemlich fest auf ihren Platz hin; dann sagte er noch einmal: 'Wart, ich will dir!' Damit war aber alles abgetan; auch der Andres wurde in Ruhe gelassen, und so nahm alles einen friedlichen Ausgang. Aber die Tränen, die meine Schwester für den Andres vergossen, und ihr Einschreiten gegen den Tyrannenstock wurden nicht vergessen. Von dem Tag an lag jeden Morgen ein Büschel Veilchen auf ihrem Platz und durchduftete den ganzen Schulraum, und nachher kam noch ein anmutigerer Duft von dem Platz her, denn da lagen große Erdbeersträuße mit den prächtigsten dunkelroten Beeren, wie sie sonst nirgends zu sehen waren, und so ging es das ganze Jahr durch immerfort; wie sich dann aber die Freundschaft zu dem erstaunlich hohen Grad entwickelt hat, wo sie nun angelangt ist, das muß meine Schwester wissen und uns mitteilen." – Der Oberst hatte seine Freude an der Geschichte der Tränen und der Veilchen und forderte seine Frau auf, weiter zu erzählen. Sie sagte mit Lachen: „Erdbeeren und Veilchen blühen deiner Ansicht nach das ganze Jahr durch, Max; das ist aber nicht ganz so. Hingegen wurde der gute Andres wirklich das ganze Jahr durch nicht müde, mir irgend etwas Erfreuliches aus Feld und Wald aufzufinden und an meinen Platz zu legen, solange wir miteinander zur Schule gingen. Er trat dann lange vor mir aus und kam in die Lehre zu einem Schreiner nach der Stadt; er kam dann immer öfter nach Hause, ich verlor ihn nie ganz aus den Augen, und als mein Mann dies Gut kaufte und wir uns eben verheiratet hatten, handelte es sich darum, daß Andres sich etwas ankaufen und sich selbständig niederlassen wollte; er hatte seine Eltern verloren und stand ganz allein, aber als ein tüchtiger Arbeiter da. Er hatte seine Augen auf das Häuschen mit dem sauberen kleinen Garten dort unterhalb der Kirche gerichtet, konnte es aber nicht ankaufen, da der Verkäufer

17

sogleich bares Geld haben und Andres erst solches durch seine Arbeit gewinnen mußte. Aber wir kannten ihn und seine Arbeit. Mein Mann kaufte das Gütchen an für ihn, und er hat es keinen Augenblick zu bereuen gehabt." – „Nein, wahrhaftig nicht", fiel hier der Oberst ein; „der brave Andres hat längst sein Gut vollständig abgezahlt und seither bringt er mir jedes Jahr um diese Zeit eine ganz hübsche Summe, den Gewinn seiner Jahresarbeit; die lege ich ihm gut an und habe meine Freude an dem Gedeihen des wackeren Menschen. Er ist jetzt schon ein ganz wohlhabender Mann, und nun nimmt sein Besitztum jährlich sehr zu, er kann sein Häuschen noch zu einem großen Haus machen, der brave Andres; es ist nur schade, daß er wie ein Einsiedler lebt und darum sein erarbeitetes Gut gar nicht genießen kann." – „Hat er denn keine Frau und Familie, und wo ist der bitterböse Jörg schließlich hingekommen?" fragte Onkel Max weiter. – „Nein, er hat gar niemanden", antwortete die Schwester, „er lebt völlig allein, wirklich wie ein Einsiedler. Er hat eine lange, traurige Geschichte erlebt, die ich mit angesehen habe, und die ihm gewiß alle Lust benommen hat, je eine Frau zu suchen. Der Bruder Jörg hat erst hier einige Jahre herumvagabondiert, hat nie gearbeitet, sondern gehofft, durch furchtbares Schimpfen auf alle diejenigen, die keine Lumpe waren wie er, endlich doch noch sein Glück zu machen, und als ihm dies nicht gelang, auch der gute Andres ihm endlich nicht mehr aus seinen Schulden und allem Bösen heraushelfen konnte und auch nicht mehr wollte, da ist er verschwunden, wohin, hat man nie recht gewußt; jedermann war froh, daß er nur fort war." – „Was war denn die traurige Geschichte, Marie?" fragte der Bruder; „die muß ich auch noch wissen." „Und ich auch", sagte der Oberst und zündete zu der Erzählung vergnüglich eine neue Zigarre an.

18

„Aber Mann", bemerkte die Frau Oberst, „dir habe ich dieses Erlebnis wohl schon sechsmal erzählt." – „So?" entgegnete ruhig der Oberst; „es gefällt mir, wie es scheint." – „So fang an!" ermunterte der Onkel. – „Du mußt dich noch jenes Kindes erinnern können, Max", begann seine Schwester, „von dem ich heut' abend schon einmal gesprochen habe, das ganz in unserer Nähe wohnte. Es gehörte dem bleichen, mageren Leineweber an, den wir immerfort sein Weberschifflein hin- und herwerfen hörten, wenn wir in unserem Garten standen. Das Kind sah zart und nett aus und hatte große, lustig glänzende Augen und so schöne braune Haare. Es hieß Aloise." – „In meinem Leben habe ich keine Aloise gekannt", warf Onkel Max ein. – „O, ich weiß schon warum", fuhr seine Schwester fort, „wir nannten sie auch nie so, besonders du nicht; Wisi nannten wir sie, zum Schrecken unserer seligen Mama. Weißt du denn nicht mehr, wie oft du selbst sagtest, wenn wir am Klavier Lieder singen wollten mit Mama und es so leise tönte: 'Man muß das Wisi holen, sonst geht's nicht?'" – Jetzt stieg die Erinnerung mit einem Male in Onkel Maxens Gedächtnis auf; er lachte hell heraus und rief: „O, das ist's, das Wisi, ja gewiß, das Wisi kenn' ich wohl, ich seh' es deutlich vor Augen mit dem lustigen Gesicht, wie es am Klavier stand und so tapfer darauf los sang. Ich mochte es gern, das Wisi; es war auch nett anzusehen. Das ist ja wahr: die gute Mutter hatte immer einen Schreckensanfall, wenn ich 'Wisi' sagte; ich habe aber nie gewußt, wie das Wisi eigentlich hieß."

„Freilich hast du", bemerkte die Schwester, „denn jedesmal sagte die Mama, es sei eine Barbarei, aus dem schönen Namen Aloise ein Wisi zu machen." – „Das habe ich wohl jedesmal überhört", meinte Onkel Max; „aber wo ist denn das Wisi hingekommen?"

„Du weißt, es war in derselben Klasse mit mir in der Schule, wir sind miteinander von Klasse zu Klasse gestiegen bis hinauf zur sechsten, da kann ich mich denn ganz gut erinnern, wie alle diese Jahre durch der Andres als treuster Freund und Beschützer dem Wisi zur Seite stand in Freud' und Leid, und es konnte den Freund gut brauchen. Meistens, wenn es zur Schule kam und die Tafel mit Rechnungen bedeckt bringen sollte, wie wir anderen auch, da stand nicht eine Zahl darauf; es legte sie aber mit dem lustigsten Gesicht auf die Schulbank hin, und im folgenden Augenblick stand alles darauf, was darauf stehen sollte, denn der Andres hatte schnell die Tafel genommen und die Rechnungen darauf gesetzt. Öfter geschah's auch, daß Wisi in seiner raschen Weise mit dem Ellbogen eine Scheibe eingeschlagen hatte in der Schulstube, oder es hatte im Garten an des Schulmeisters Pflaumenbaum geschüttelt, und wenn dann Gericht über diese Untaten gehalten wurde, dann blieb regelmäßig alles auf dem Andres sitzen; nicht daß er von jemand angeklagt wurde, sondern er selbst sagte gleich halblaut: er meine, er habe die Scheibe zerdrückt, und er glaube auch, er habe einmal an dem Pflaumenbaum gerüttelt, und so bekam er die Strafe. Wir Kinder wußten immer ganz gut, wie es war; aber wir ließen es so gehen, wir waren so gewöhnt daran, daß es so sei, und dann hatten wir alle das lustige Wisi so gern, daß wir's ihm immer gönnten, wenn es ungestraft davonkam. Und Äpfel und Birnen und Nüsse hatte Wisi immer alle Taschen voll, die kamen alle vom Andres, denn was er nur hatte und erlangen konnte, das steckte er alles dem Wisi in den Schulsack. Ich dachte manchmal darüber nach, wie es denn auch so sein könne, daß der ganz stille Andres gerade das allerlustigste und aufgeweckteste Kind der ganzen Schule am liebsten habe, und dann sann ich darüber nach, ob es nun auch gerade den stillen Andres besonders gern habe. Es war wohl immer freundlich mit

20

ihm, aber so war es auch mit den anderen, und als ich einmal ernstlich unsere Mama darüber fragte, wie das wohl sei, da schüttelte sie ein wenig den Kopf und sagte: 'Ich fürchte, ich fürchte, diese artige Aloise ist ein wenig leichtsinnig und kann noch in eine schwere Schule kommen.' Diese Worte gaben mir viel zu denken und kamen mir immer wieder in den Sinn. Als wir dann zusammen in den Religionsunterricht gingen, da kam Wisi regelmäßig am Sonntagabend zu uns herüber und wir sangen Choräle zusammen am Klavier; daran hatte es damals sehr große Freude, es konnte alle die schönen Lieder auswendig und sang sie mit so heller Stimme; wir hatten auch recht unsere Freude an den Abenden, Mama und ich, und auch darüber, daß Wisi so gern in den Unterricht ging und ihn wirklich zu Herzen nahm. Es war nun ein großes Mädchen geworden und sah recht gut aus; seine lustigen Augen hatte es noch, und wenn es auch nie so kräftig aussah, wie die Bauernmädchen im Dorf, so hatte es doch eine so blühende Farbe damals und war netter als sie alle. Damals war der Andres noch in der Stadt als Lehrjunge, er kam aber immer über den Sonntag heim. Dann kam er auch jedesmal zu uns ins Pfarrhaus, einen Besuch zu machen, und am liebsten sprach er dann immer mit mir von den vergangenen Tagen der Schule, und dann kamen wir immer bald auf das Wisi zu sprechen; das kam so im Zusammenhang, und schließlich sprachen wir dann nur noch von ihm. Dem Andres ging ganz das Herz und der Mund auf bei diesen Erinnerungen, und während alle Welt längst das Wisi nie anders als so genannt hatte, nannte er es unwandelbar das 'Wiseli', und das kam dann so ganz eigen zärtlich heraus. Da kam denn auch ein Sonntag – wir waren noch nicht achtzehn Jahre alt, Wisi und ich –, als es gegen Abend bei uns eintrat und ganz rosig aussah, und wie wir nun zusammensaßen – Mama war auch mit uns –, da sagte denn Wisi, es sei gekommen, uns mitzuteilen, daß es sich mit dem

21

jungen Fabrikarbeiter versprochen habe, der seit kurzer Zeit im Dorfe wohnte, und daß sie gleich heiraten könnten, da er eine gute Anstellung habe unten in der Fabrik, und so hätten sie denn schon alles festgesetzt, daß sie gleich in zwölf Tagen zusammenkommen könnten. Ich war so erstaunt, und so traurig kam mir die Sache vor, daß ich kein Wort sagen konnte; eine Zeitlang sagte die Mutter auch nichts, sie sah ganz bekümmert aus. Dann aber sprach sie ernstlich mit dem Wisi und stellte ihm vor, wie leichtsinnig es sei, daß es sich so schnell mit dem Fabrikarbeiter eingelassen habe, es kenne ihn ja kaum, und da sei doch ein anderer, der ihm jahrelang nachgegangen sei und ihm gezeigt habe, wie lieb es ihm sei, und zuletzt fragte sie es dringend, ob denn nicht alles noch rückgängig gemacht werden, oder doch eine gute Zeit lang hinausgeschoben werden und es noch bei seinem Vater bleiben könnte, es sei ja noch so jung. Da fing es denn zu weinen an und sagte, es habe ja ganz bestimmt sein Wort gegeben, und alles sei eingerichtet auf die Zeit, und dem Vater sei's recht. Nun sagte die Mutter nichts mehr, aber das arme Wisi weinte immer ärger; da nahm sie es denn bei der Hand und zog es zum Klavier hin, an den Platz, wo es immer stand, wenn wir zusammen sangen, und sagte in ihrem freundlichen Ton zu ihm: 'Trockne nun deine Tränen, wir wollen noch einmal zusammen singen'; dann schlug sie uns das Lied auf und wir sangen zusammen:

'Befiehl du deine Wege,
Und was dein Herze kränkt,
Der allertreusten Pflege
Des, der den Himmel lenkt.

Der Wolken, Luft und Winden
Gibt Wege, Lauf und Bahn,

22

Der wird auch Wege finden,
Da dein Fuß gehen kann.'

Wisi ging dann wieder ziemlich getröstet von uns, die Mutter
hatte ihm noch einige freundliche Worte gesagt; aber mich hatte
die Sache recht traurig gemacht, ich hatte ein ganz bestimmtes
Gefühl, daß das arme Wisi seine frohen Tage nun hinter sich
hatte, und dann dauerte mich der Andres unsäglich; was würde
der sagen? Er sagte aber nie etwas, gar kein Wort, aber ein paar
Jahre lang ging er herum wie ein Schatten und war noch stiller
geworden als vorher, ich habe auch seither nie mehr sein still-
fröhliches Gesicht gesehen, wie er es damals doch oft haben
konnte." „Der arme Kerl!" rief Onkel Max aus; „hat er denn
keine andere Frau genommen?" – „Ach nein, Max", entgegnete
seine Schwester ein wenig strafend, „wie konnte er denn, wie
kannst du so etwas sagen, er ist ja die Treue selbst." – „Das
konnte ich ja nicht wissen, liebe Schwester", erwiderte der
Bruder begütigend; „ich konnte doch nicht voraussehen, daß
dein vielseitig begabter Freund nun auch noch die
Unwandelbarkeit an sich trägt. Aber das Wisi, erzähl weiter
von dem, ich hoffe wirklich, das lustige Wisi ist nicht
unglücklich geworden, es würde mich arg dauern." – „Ich
merke schon, Max", sagte die Schwester, „daß du heimlich es
mit dem Wisi hältst und kein Mitleid hast mit dem treuen
Andres, dem es doch fast das Herz abgedrückt hat, daß das Wisi
für ihn verloren war." – „Doch, doch", versicherte der Onkel,
„ich habe ja alle Teilnahme für den Ehrenmann; aber weiter,
wie ging's mit dem Wisi, es hat doch seine lustigen Augen nicht
verweint?" – „Doch, ich glaube manchmal wohl", fuhr die
Schwester fort; „ich habe es nicht mehr oft gesehen, es hatte
gleich viel zu tun; ich glaube, der Mann war nicht eben böse,
aber er hatte etwas Rohes, er konnte so grob und unfreundlich

23

sein, auch mit seinen kleinen Kindern schon; Wisi hatte gewiß wenig Freude mehr. Er hatte mehrere nette Kinder, aber sie waren alle sehr zart, es verlor sie wieder eins nach dem anderen; fünf hatte es begraben müssen, nur ein einziges ist ihm geblieben, ein feines, zartes Geschöpfchen, ein kleines Wiseli, es ist nicht viel größer als unser Miezchen und ist doch gut drei Jahre älter. Wisis Gesundheit hatte durch das alles so gelitten, daß man deutlich sehen konnte, was kommen würde, und nun ist es auch da, eine schnelle Auszehrung rafft ihr Leben hin; ich fürchte, es ist gar keine Hoffnung mehr." – „Nein", rief Onkel Max ganz erschrocken aus, „das kann doch nicht sein, ist's wirklich so? Kann man da nichts machen, Marie? Wir wollen doch gleich nachsehen, vielleicht ist noch zu helfen." – „Ach nein, da ist nicht mehr zu helfen", sagte die Schwester traurig; „da war überhaupt nicht mehr zu helfen. Wisi war für all' die Arbeit und Anstrengung viel zu zart." – „Und was macht nun der Mann?" fragte Onkel Max. – „Ach, den habe ich ja ganz vergessen, das hatte das kranke Wisi auch noch durchzumachen. Es wird nun bald ein Jahr sein, da wurde ihm in der Fabrik der eine Arm und das Bein so zerschlagen, daß man ihn halbtot nach Hause brachte; er wurde dann ganz elend, arbeiten konnte er gar nichts mehr; er muß kein besonders geduldiger Kranker gewesen sein. Wisi hatte ihn nun noch zu verpflegen zu allem anderen, er starb dann ungefähr ein halbes Jahr nach dem Unfall. Seither lebt Wisi allein mit dem Kinde." – „Und so blieb denn von allem gar nichts mehr übrig, als ein kleines Wiseli? Was macht man damit? Aber nein, so traurig wird's doch nicht kommen müssen; das Wisi kann noch gesund werden und alles noch kommen, wie es hätte sein sollen von Anfang an." – „Nein, nein, dazu ist es zu spät", entgegnete die Schwester sehr bestimmt; „das arme Wisi hat seinen Leichtsinn schwer büßen müssen. Aber auch hier ist es spät geworden", – und fast erschrocken stand sie auf, denn über dem Gespräch war die Mitternachtsstunde vorübergegangen, und seit einiger Zeit schon war der Oberst ganz stille geworden, er hatte sich in seinen Lehnstuhl zurückgelegt und war fest eingeschlafen. Onkel Max hatte zwar keinen Schlaf, denn mit der Erzählung von dem armen Wisi waren ihm alle Jugenderinnerungen so lebendig aufgestiegen, daß er noch eine Menge von Dingen und Persönlichkeiten besprechen wollte; aber seine Schwester war unerbittlich, sie hielt die Lichter in der Hand und drängte zum Aufbruch. So half denn nichts; um aber nicht allein die unwillkommene Störung zu tragen, weckte er seinen Schwager mit einem so gewaltigen Ruck an seinem Stuhl, daß der Oberst mit einem Schrecken emporschoß, als sei eine feindliche Bombe auf ihn gefahren. Aber sein Schwager klopfte ihm friedlich auf die Schulter und sagte: „Es war nur eine leise Mahnung von seiten deiner Frau, daß wir uns zurückziehen möchten." Der Rückzug wurde dann vollzogen, und bald stand das Haus auf der Höhe ganz still im Mondschein da, und unten am Berg stand eins, da sollte es auch bald stille werden; jetzt brannte noch ein schwaches Lämpchen drinnen und warf seinen matten Schimmer durch das schmale Schubfenster in die monderhellte Nacht hinaus.

Auch noch daheim.

Um die gleiche Zeit, da die Kinder des Obersten ihrem Hause zugingen, rannte das kleine Wiseli aus allen Kräften den Berg hinunter, denn es wußte, daß es länger fortgeblieben war, als die Mutter erwartete, und das tat es sonst nicht. Aber heute war sein Glück so groß gewesen, daß es einen Augenblick das Heimgehen vergessen hatte; jetzt lief es um so mehr drauf zu und wäre fast in einen Mann hineingerannt, der eben aus der Tür des Häuschens trat, als es hineinstürmen wollte; er ging ihm aber ganz leise aus dem Wege, und daß Wiseli sprang vorwärts in die Stube hinein und auf die Mutter zu, die auf einem kleinen Stuhl am Fenster saß und zu Wiselis Erstaunen noch kein Licht angezündet hatte. „Mutter, bist du böse, daß ich so lang nicht komme?" rief es, indem es sie mit beiden Armen um den Hals faßte. „Nein, nein, Wiseli", antwortete sie freundlich; „aber ich bin froh, daß du da bist." Jetzt fing das Wiseli der Mutter von seinem großen Erlebnis zu erzählen an, wie gut der Otto mit ihm gewesen, und wie es zweimal mit dem allerschönsten Schlitten hatte den Berg hinunterfahren können. Wie es dann mit seiner Erzählung fertig war und die Mutter noch so still dasaß, fiel ihm erst ein, daß sie das sonst nicht tat, und es fragte verwundert: „Aber warum hast du noch kein Licht, Mutter?"

„Ich bin so müde heut' abend, Wiseli", antwortete sie; „ich konnte nicht aufstehen und Licht machen. Hol das Lämpchen herein und bring mir einen Schluck Wasser mit, ich habe so großen Durst." Wiseli lief in die Küche und kam bald zurück, in der einen Hand das Licht und in der anderen eine Flasche, darinnen ein roter Saft schimmerte, so hell und einladend, daß die durstende Kranke erfreut ausrief: „Was bringst du mir

26

Schönes, Wiseli?" – Ich weiß nicht", sagte das Kind, „es stand auf dem Küchentisch, sieh, wie es funkelt." Die Mutter nahm die Flasche in die Hand und roch daran. „O", sagte sie, begierig wieder riechend, „es ist wie frische Himbeeren aus dem Wald, gib mir schnell ein wenig Wasser dazu, Wiseli." Das Kind goß von dem roten Saft in ein Glas und füllte es mit Wasser, und mit durstigen Zügen trank die Mutter den erquickenden Beerensaft hinunter. „O, wie das erfrischt!" sagte sie und übergab das leere Glas dem Kinde. „Stell es weg, Wiseli, aber nicht weit; mir ist, ich könnte alles austrinken, so durstig bin ich. Wer hat mir denn diese große Erquickung gebracht? Gewiß die Trine, es kommt von der Frau Oberst." – „War denn die Trine bei dir in der Stube, Mutter?" fragte das Kind. – Die Mutter verneinte dies. – „Dann ist es nicht die Trine, das weiß ich", sagte das Wiseli bestimmt; „sie geht jedesmal in die Stube, wenn sie etwas bringt. Aber der Schreiner Andres war ja bei dir, hat er dies nicht mitgebracht?" – „Ach was, Wiseli", fiel die Mutter ganz lebhaft ein; „was sagst du denn, der Schreiner Andres war nie bei mir, was kommt dir in den Sinn?" – „Er war sicher, sicher, ganz bestimmt hier drinnen", beteuerte Wiseli; „gerade wie ich hereinkam, trat er so schnell aus der Tür, daß ich fast an ihn heranrannte: hast du denn nichts gehört?" Die Mutter war eine Zeitlang ganz stille, dann sagte sie: „Ich habe schon gehört, daß jemand leise die Küchentür aufmachte; erst meinte ich, du seist's, und – es ist wahr, erst nachher hörte ich dich hereinrennen. Bist du sicher, Wiseli, daß es der Schreiner Andres war, der zu unserer Tür herauskam?" Wiseli war seiner Sache so sicher und konnte so genau der Mutter sagen, wie der Rock und die Kappe vom Schreiner Andres aussahen und wie er erschrocken war, als es so mit einem Male an ihn heranrannte, daß die Mutter auch davon überzeugt wurde; sie sagte wie für sich: „Dann war es der Andres, er hat es ausgedacht, was mir so

27

gut tun könnte." – „Jetzt kommt mir auch etwas in den Sinn, Mutter", rief auf einmal das Wiseli ganz erregt aus, „jetzt weiß ich gewiß, wer einmal den großen Topf Honig in die Küche gestellt hat, von dem du so gern aßest, und vor ein paar Tagen die Apfelkuchen; weißt du, Mutter, du wolltest durch die Trine danken lassen, als sie dir etwas Gekochtes brachte, und sie sagte, sie wisse von allem dem gar nichts. Das hat sicher alles der Schreiner Andres heimlich in die Küche gestellt."

„Das glaube ich auch", sagte die Mutter und wischte sich die Augen. – „Es ist ja nichts Trauriges", sagte Wiseli ein wenig erschrocken, als sie die Mutter immer wieder die Augen wischen sah.

„Du mußt ihm einmal danken, Wiseli, ich kann es nicht mehr. Sag es ihm einmal, ich lass' ihm danken für alles Gute; er hat es so gut mit mir gemeint. Komm, sitz ein wenig zu mir heran", fuhr sie leise fort; „gib mir auch noch einmal zu trinken, und dann komm und sag mir das Verslein, was ich dich gelehrt habe."

Wiseli holte noch einmal Wasser und goß von dem frischen Saft hinein, und die Mutter trank noch einmal begierig davon; dann legte sie müde ihren Kopf auf das niedere Gesims am Fenster und winkte das Wiseli zu sich. Es fand aber, da liege die Mutter zu hart, holte ein Kissen aus ihrem Bett herbei und legte es sorgfältig unter den Kopf; dann setzte es sich dicht neben sie auf den Schemel und hielt ihre Hand fest in der seinigen, und wie sie gewünscht hatte, sagte es nun andächtig sein Verslein her:

> „Befiehl du deine Wege,
> Und was dein Herze kränkt,
> Der allertreusten Pflege
> Des, der den Himmel lenkt.
>
> Der Wolken, Luft und Winden
> Gibt Wege, Lauf und Bahn,
> Der wird auch Wege finden,
> Da dein Fuß gehen kann."

Als Wiseli zu Ende war, sah es, daß die Mutter am Entschlafen war, sie sagte nur noch mit leisem Ton: „Denk daran, Wiseli! Und wenn du einmal keinen Weg mehr vor dir siehst und es dir ganz schwer wird, dann denk in deinem Herzen:

> 'Er wird auch Wege finden,
> Da dein Fuß gehen kann.'"

30

Nun legte die Mutter sich müde hin und entschlief, und Wiseli wollte sie nicht wecken. Es legte sich mäuschenstille an sie heran, und bald schlief es auch ganz fest. So brannte die kleine, matte Lampe in dem stillen Stübchen fort, immer matter, bis sie von selbst erlosch und das Häuschen dunkel dastand auf dem hellen Mondscheinplatz.

Als am folgenden Morgen die Nachbarin um das Haus herum zum Brunnen ging, schaute sie durch das niedere Fenster in das Stübchen herein, wie sie immer tat im Vorbeimarsch. Da sah sie, wie Wiselis Mutter auf dem Kissen schlief und wie das Kind daneben stand und weinte. Das kam ihr so sonderbar vor, sie mußte nachsehen, was da geschehen sei. Sie machte ein wenig die Tür auf und sagte: „Was hast du, Wiseli; ist die Mutter kränker?" Wiseli schluchzte zum Erbarmen und stöhnte hervor: „Ich weiß nicht, was die Mutter hat."

Das arme Kind ahnte wohl, was mit der Mutter war, aber es konnte ja nicht begreifen, daß es sie verloren hatte. Sie war ja noch da, aber sie war entschlafen für das ganze Erdenleben, sie hörte nicht mehr, wie ihr Wiseli sie rief. Die Nachbarin trat zu dem Kissen am Fenster und schaute die schlafende Frau an; dann trat sie erschrocken zurück und sagte: „Geh schnell, Wiseli, lauf und hol deinen Vetter-Götti, er soll auf der Stelle herkommen, du hast ja sonst niemand, und es muß jemand zu der Sache sehen; lauf recht, ich will warten, bis du wiederkommst." Das Kind lief davon, aber es konnte nicht lange so weiter laufen, sein Herz war so schwer und alle seine Glieder zitterten so sehr, daß Wiseli auf einmal mitten auf dem Wege sich hinsetzen und laut weinen mußte, denn jetzt wurde es ihm immer deutlicher in seinem Herzen, daß die Mutter nicht mehr erwachen werde. Es stand dann wieder auf und lief weiter, aber zu weinen konnte es nicht mehr aufhören, denn in seinem Herzen wurde der Jammer immer größer. Am Buchenrain, wohl eine Viertelstunde von der Kirche weg, stand das Haus von dem Vetter-Götti, wo Wiseli jetzt eben ankam und weinend unter die Tür trat. Die Base stand in der Küche und fragte kurz: „Was ist mit dir?" Wiseli sagte halblaut zwischen dem Schluchzen durch, die Nachbarin habe es geschickt, daß der Vetter-Götti schnell komme zur Mutter. Die Base sah das Kind an, sie mochte denken, es sei mit der Mutter schlimm, denn weniger barsch, als sie sonst redete, sagte sie: „Ich will es ihm sagen, geh nur wieder heim, er ist jetzt nicht da." Da kehrte Wiseli wieder um und kam schneller zurück, als es vorwärts gekommen war, denn es ging ja noch zur Mutter. Die Nachbarin stand vor der Tür, drinnen hatte sie nicht warten wollen, es war ihr nicht heimlich. Aber das Wiseli schlich hinein und setzte sich ganz nahe zur Mutter, so wie es die Nacht durch neben ihr gesessen hatte; da saß es ganz still und weinte und von Zeit zu Zeit sagte es halblaut: „Mutter!" Sie gab keine Antwort mehr. Da sagte Wiseli, sich zu ihr hinbeugend: „Gelt, Mutter, du hörst mich wohl, wenn du jetzt schon im Himmel bist, und ich dich nicht mehr hören kann." So saß das Wiseli noch neben seiner Mutter und hielt sie fest, als schon die Mittagszeit vorüber war. Da trat der Vetter-Götti in das Stübchen, schaute sich ein wenig darin um und rief dann die Nachbarin herein. „Ihr müßt die Frau hier zurecht machen, Ihr wißt schon, wie ich meine", sagte er, „so daß alles fertig ist zum Wegholen. Dann nehmt den Schlüssel zu Euch, daß da nichts wegkommt." Dann wandte er sich zu Wiseli und sagte: „Wo sind deine Kleider, Kleines? Such sie zusammen und pack sie in ein Bündelchen, dann gehen wir." – „Wohin gehen wir denn?" fragte Wiseli zaghaft. – „Heim gehen wir", war die Antwort; „an den Buchenrain, da kannst du bei uns sein, du hast niemand

mehr auf der Welt, als deinen Vetter-Götti." Das Wiseli befiel
ein lähmender Schrecken, – nach dem Buchenrain sollte es
gehen und da daheim sein. Es hatte von jeher eine große Furcht
vor der Base gehabt und jedesmal eine Zeitlang vor der Tür
gewartet, wenn es dem Vetter-Götti etwas hatte berichten
müssen, aus lauter Angst, die Base fahre es an. Dann war der
älteste Sohn im Hause, der gewalttätige Chäppi, und dann
kamen noch der Hans und der Rudi, die warfen allen Kindern
Steine nach. Bei denen sollte es nun daheim sein.
Das Wiseli stand bleich und unbeweglich vor Schrecken da. „Du
mußt dich nicht fürchten, Kleines", sagte der Vetter-Götti
freundlich; „es sind wohl mehr Leute bei uns im Hause als da,
aber das ist desto lustiger für dich." Wiseli legte still seine
Sachen zusammen in ein Tuch und knüpfte je zwei Zipfel
davon kreuzweis ineinander; dann band es sein Tüchlein um
den Kopf und stand fertig da.
„So", sagte der Vetter, „nun gehen wir", und schritt der Tür zu.
Auf einmal schluchzte Wiseli laut auf: „Dann muß ja die Mutter
ganz allein sein."

Es war wieder zu ihr hingelaufen und hielt sie fest.

Der Vetter-Götti stand ein wenig verblüfft da; er wußte nicht
recht, wie er dem Kinde erklären sollte, wie es mit seiner
Mutter sei, wenn es das nicht von selbst begriff, denn Erklären
war nicht seine Sache, das hatte er nie probiert; er sagte also:
„Komm jetzt, komm! Ein Kleines, wie du eins bist, muß folgen;
komm und mach nur kein Geschrei, das hilft gar nichts." Wiseli
würgte sein Schluchzen hinunter und folgte lautlos dem Vetter-
Götti durch die Tür nach. Nur einmal sah es noch zurück und
sagte ganz leise: „Behüte Gott, Mutter!" Dann wanderte es mit
seinem Bündelchen am Arm aus dem kleinen Hause, wo es

33

daheim gewesen war. Eben als die beiden miteinander querfeldein gingen, kam von oben herunter die Trine gegangen, einen gedeckten Korb am Arm tragend. Noch stand die Nachbarin unter der Tür und schaute dem Vetter-Götti und dem Kinde nach. Die Trine trat auf sie zu und sagte: „Heute bring' ich der kranken Frau was Rechtes, aber ein wenig spät, wir haben den Herrn Onkel zum Besuch, da wird es immer spät." – „Und wenn Ihr auch am Morgen früh gekommen wäret, so wäret Ihr zu spät gekommen heut', sie ist in der Nacht gestorben." – „Es wird doch nicht sein", rief die Trine erschrocken aus; „ach du mein Trost, was wird meine Frau sagen." Damit kehrte die Trine um und lief stracks ihren Weg zurück. Die Nachbarin trat in das stille Stüblein ein und machte Wiselis Mutter so zurecht, wie sie in ihrem letzten Bettlein liegen mußte.

Beim Vetter-Götti.

Als das Wiseli hinter dem Vetter-Götti drein in das Haus hereintrat am Buchenrain, da kamen die drei Buben aus der Scheune hergestürzt, liefen hinter der Ankommenden her in die Stube herein und stellten sich mitten drin auf, und alle drei sperrten die Augen auf an das Wiseli hinan, das ganz schüchtern dastand. Aus der Küche kam die Base herein und schaute das Wiseli ebenfalls an, wie wenn sie es noch nie gesehen hätte.

Der Vetter-Götti setzte sich hinter den Tisch und sagte: „Ich meine, man könnte etwas nehmen; das Kleine hat, denk' ich, heut' noch wenig gehabt. Komm, sitz ab", sagte er, zu Wiseli gewandt, das immer noch auf demselben Platze stand, sein Bündelchen in der Hand. Es gehorchte. Jetzt holte die Base Most und Käse und legte das große Schwarzbrot auf den Tisch. Der Vetter-Götti schnitt ein tüchtiges Stück ab und legte einen Brocken Käse darauf, dann schob er es vor das Kind hin: „Da, iß, Kleines, wirst wohl Hunger haben."

„Nein, ich danke", sagte Wiseli leise; es hätte keinen Brosamen herunterschlucken können, denn Leid und Angst und Weh schnürten es so zusammen bis an den Hals hinauf, daß es kaum atmen konnte. Die Buben standen immer da und starrten es an. „Mußt dich nicht fürchten", sagte der Vetter-Götti ermunternd, „iß nur zu." Aber das Wiseli saß unbeweglich und berührte sein Brot nicht. Die Base war bis jetzt auch geblieben und hatte das Kind angeschaut von oben bis unten, mit beiden Armen in die Seite gestemmt. „Wenn's dir nicht recht ist, so kannst du's nur bleiben lassen", sagte sie nun, kehrte sich um und ging wieder in die Küche.

Als der Vetter-Götti sich genugsam erfrischt hatte, stand er auf und sagte: „Nimm's in die Tasche, nachher kommt's dir schon, daß du essen magst, mußt dich nur nicht fürchten." Damit ging auch er in die Küche hinaus. Wiseli wollte gehorchen und die beiden Stücke in die Tasche stecken, aber diese war viel zu klein, es legte wieder alles auf den Tisch.

„Ich will dir schon helfen", sagte Chäppi, schnappte die Stücke vom Tisch weg und wollte sie zu dem offenen Mund führen, sie fuhren aber in die Luft hinauf, denn der Hans hatte von unten herauf Chäppis Hand einen tüchtigen Puff gegeben, damit ihr die Beute entfalle und er sie erwische; in dem Augenblick aber huschte der Rudi schnell auf den Boden und haschte den Fang weg. Jetzt stürzten die beiden Größeren auf ihn, und einer fiel über den anderen hinaus, und nun ging es an ein Schlagen und Raufen und Lärmen und Heulen, daß es dem Wiseli angst und bange wurde. Jetzt machte der Vater die Küchentür wieder auf und rief in die Stube hinein: „Was ist das?" Da riefen die drei Buben am Boden alle durcheinander, und es tönte immer wieder: „Das Wiseli wollte nicht", „das Wiseli hatte keinen" und „weil das Wiseli keins wollte". Da rief der Vater noch lauter: „Wenn das nicht aufhört da drinnen, so will ich mit dem Lederriemen kommen!" Dann schlug er die Tür wieder zu. Das „da drinnen" hörte aber noch nicht auf, sondern sowie die Tür zu war, ging's erst recht los, denn der Hans hatte erfunden, daß das wirksamste Mittel, den Feind zu erschrecken, sei, ihm in die Haare zu fahren, was die anderen sogleich auch begriffen, und so standen sie nun alle drei jeder mit beiden Händen an den Haaren eines anderen reißend und dazu ein fürchterliches Geschrei ausstoßend. In der Küche saß die Base auf einem Schemel und schälte Kartoffeln. Als ihr Mann die Stubentür wieder zugemacht hatte, sagte sie: „Was hast du mit dem Kind im Sinn? Warum hast du es gleich mit heimgenommen?"

„Es wird, denk' ich, bei jemandem sein müssen; ich bin der Vetter-Götti, und andere Verwandte hat es keine mehr. Und du kannst es ja schon brauchen; so etwas wie du dort machst, kann es dann machen. So kannst du etwas Besonderes tun. Du sagst ja immer, die Buben geben dir mehr zu tun, als eben recht."

„Ja wegen dessen", warf die Base hin, „das wird eine schöne Hilfe sein. Du kannst ja hören, wie es zugeht drinnen in der ersten Viertelstunde schon, daß es da ist."

„Das habe ich schon manchmal gehört, lang eh' das Kleine da war; es hat, denk' ich, nicht viel damit zu tun", sagte der Vetter ruhig.

„So", entgegnete die Base eifrig, „hast du denn nicht gehört, daß sie alle miteinander etwas von dem Wiseli riefen?"

„Sie werden etwas rufen müssen, das war nie anders", meinte der Vetter. „Diesem Kleinen wirst du, denk' ich, wohl noch Meister werden, es ist kein bösartiges, das habe ich schon gemerkt, es kann auch folgen, besser als die Buben." Das war der Base fast zu viel. „Ich meine, es war nicht nötig, daß man es jetzt schon gegen die Buben aufstifte", sagte sie, die Häute immer schneller von den Kartoffeln abreißend, „und dann möchte ich nur das wissen, wo das Kind schlafen soll."

Der Vetter schob ein paarmal die Kappe auf seinem Kopf hin und her, dann sagte er geruhlich: „Man kann nicht alles an einem Tag machen. Es wird wohl bis jetzt in einem Bett geschlafen haben, denk' ich, und das wird es wieder bekommen. Morgen will ich dann zum Pfarrer gehen; heut' kann es auf der

37

Ofenbank schlafen, da ist's ja warm. Dann kann man einen Verschlag machen, wo es in unsere Kammer hineingeht; da kann man sein Bett hineinschieben."

„Ich habe mein Lebtag nie gehört, daß man zuerst das Kind bringt und dann acht Tage nachher das Bett, das dazu gehört", warf die Base hin, „und dann möcht' ich auch wissen, wer das bezahlen muß, wenn man noch bauen soll, um des Kindes willen."

„Wenn uns die Gemeinde das Kleine zuerkennt, so muß sie auch etwas an den Unterhalt geben", erklärte der Vetter; „ich nehme es dann noch immer billiger an, als ein anderer es tun würde; es ist ihm auch am wohlsten bei uns."

Mit dieser Überzeugung ging der Vetter in den Stall hinaus und rief noch zurück, der Chäppi solle ihm nachkommen. Es war schwierig für die Base, sich Gehör zu verschaffen drinnen in der Stube, als sie den Auftrag ausrichten wollte. Da standen noch die drei im hitzigsten Gefecht, vom lautesten Kriegsgeschrei begleitet. „Es nimmt mich nur wunder, daß du dem so zusiehst und kein Wort zum Frieden sagst", warf die Base dem Wiseli hin, das sich scheu an die Wand drückte und sich kaum rühren durfte. Nun wurde der Chäppi in den Stall geschickt, und die beiden anderen liefen ihm nach. „Kannst du stricken?" fragte dann die Base das Wiseli; es sagte schüchtern: ja, Strümpfe könne es stricken. „So nimm die", sagte die Base und nahm aus dem Schrank einen großen braunen Strumpf heraus mit einem Garn fast so dick wie Wiselis Finger. „Du bist am Fuß, gib acht, daß er nicht zu kurz wird, er ist für den Vetter-Götti." Nun ging sie wieder in die Küche, und Wiseli setzte sich auf die Ofenbank und mußte den langen Strumpf auf seinem Schoß zusammenhalten, der war so schwer, daß er ihm ganz die

Hände herunterzog, wenn er hing, so daß es die Nadeln nicht führen konnte. Es hatte aber kaum recht angefangen an seiner Arbeit, als die Base wieder hereinkam. „Du kannst jetzt herauskommen in die Küche", sagte sie; „du kannst sehen, wie ich alles mache, so kannst du mir an die Hand gehen nach und nach." Wiseli gehorchte und sah draußen der Base zu, so viel es konnte; aber immer schossen ihm wieder die Tränen in die Augen, und dann sah es nichts mehr, denn es mußte denken, wie es war, wenn es so der Mutter nachlief in die Küche, und wie sie mit ihm redete und es immer wieder streichelte, und es an ihr hing. Es fühlte aber wohl, daß es nicht herausweinen dürfe, und schluckte und schluckte, daß es fast meinte, es werde erwürgt. Die Base sagte ein paarmal: „Gib acht! so weißt du's nachher." Sie ließ es dann aber stehen und fuhr in der Küche herum. So ging es eine gute Zeit lang, dann hörte man ein ganz erschreckliches Gestampfe auf dem Hausgang, und die Base sagte: „Mach schnell die Tür auf, sie kommen"; denn der Lärm kam vom Vetter und den Buben her, die draußen den Schnee von den Schuhen stampften. Wiseli machte die Tür nach der Stube auf und die Base hob eine große Pfanne vom Feuer und fuhr eilends damit in die Stube hinein, wo sie den ganzen Haufen geschwelter Kartoffeln auf den Schiefertafeltisch ausschüttete. Dann lief sie zurück und brachte ein großes Becken voll saurer Milch herein und sagte: „Leg auf den Tisch, was in der Schublade liegt, so können sie zusitzen." Wiseli zog schnell die Schublade aus, da lagen fünf Löffel und fünf Messer, die legte es hin, und nun war der Abendtisch fertig. Der Vetter und die Buben waren hereingekommen und saßen gleich fest auf den Bänken am Tisch den Fenstern entlang. Unten am Tisch stand ein Stuhl; darauf hin wies nun der Vetter-Götti und sagte: „Es kann, denk' ich, dort sitzen, oder nicht?"

„Freilich", sagte die Base, die auch einen Stuhl für sich bereit hatte auf der Seite gegen die Küche zu, sie saß aber nur eine Sekunde darauf still, dann lief sie wieder in die Küche und kam zurück und saß geschwind wieder zu einem Löffel voll Milch nieder; dann lief sie von neuem. Es wußte niemand, warum das so sein mußte, denn das Kochen war ja ganz zu Ende; aber es war immer so, und wenn der Vetter einmal sagte: „Sitz doch und iß einmal", so kam sie erst recht in die Eile und sagte, sie habe nicht Zeit, so lang zu sitzen, und der Sache draußen werde wohl jemand nachsehen müssen. Als sie jetzt zum zweiten Male hereingeschossen kam und eilig eine Kartoffel schälte, fiel ihr Wiselis Untätigkeit auf, das neben ihr saß, die Hände in den Schoß gelegt. „Warum issest du nicht?" fuhr sie es an. „Es hat keinen Löffel", sagte Rudi, der auf der anderen Seite neben ihm saß und schon lange den Grund herausgefunden hatte, warum jemand an einem Tisch sitzen kann, ohne zu essen, solange noch etwas da ist. „Ja so", sagte die Base; „wem wäre es aber auch in den Sinn gekommen, daß man auf einmal sechs Löffel haben muß, man brauchte ja immer nur fünf, und ein Messer wird auch sein müssen. Warum kannst du aber auch nichts sagen? du wirst wohl wissen, daß man zum Essen einen Löffel braucht." Diese Worte waren an das Wiseli gerichtet.

Es schaute die Base scheu an und sagte leise: „Es ist gleich, ich brauche keinen, ich habe keinen Hunger." – „Warum nicht?" fragte die Base; „bist du anders gewöhnt? Ich habe nicht im Sinn, zu ändern." – „Es ist, denk' ich, besser, man lasse das Kleine zuerst ein wenig gehen, man muß es nicht zu fürchten machen", sagte der Vetter-Götti beschwichtigend; „es kommt schon besser." Nun ließ man das Wiseli in Ruh', die anderen setzten ihre Tätigkeit noch eine gute Zeit lang fort. Das Kind saß unbeweglich dabei, bis endlich der Vater aufstand, noch einmal die Pelzkappe vom Nagel nahm und nach der Stallaterne

40

suchte, denn der Fleck sei krank geworden, da mußte er noch einmal hinaus. Der Tisch war schnell wieder in Ordnung. Die Kartoffelschalen wurden mit den Händen in das leere Milchbecken heruntergewischt, dann die Schiefertafel abgewaschen, und wie die Base damit zu Ende war, sagte sie, zu Wiseli gewandt: „Du hast gesehen, wie ich's mache, das kannst du von nun an tun." Jetzt setzte sich der Chäppi wieder fest hinter den Tisch; er hatte seinen Griffel und sein Rechenbuch geholt und machte Anstalten, seine Rechnungsaufgaben vor sich auf den Tisch zu schreiben. Erst starrte er aber eine Weile auf das Wiseli hin, das seinen braunen Strumpf wieder vorgenommen hatte, aber sehr hilflos dasaß, denn es konnte keine Masche sehen in seinem Winkel, und zum Tisch zu sitzen, auf dem die trübe Öllampe stand, wagte es nicht.

„Du wirst auch etwas tun können", rief auf einmal Chäppi erbost zu ihm hinüber, „du bist nicht das Geschickteste in der Schule." Wiseli wußte nicht, was sagen, es war ja gar nicht in der Schule gewesen heute, und es wußte nicht, was zu tun war, es war ja überhaupt ganz aus aller Ordnung und Fassung. „Wenn ich rechnen muß, so mußt du auch, oder dann tu' ich's auch nicht", rief der Chäppi wieder. Wiseli hielt sich mäuschenstill. „So, dann ist's recht", fuhr Chäppi lärmend fort, „so tu' ich keinen Strich mehr an der Arbeit." Damit warf er seinen Griffel weg. „So, so, dann tu' ich auch nichts", rief der Hans aus und steckte ganz erleichtert sein Einmaleins wieder in den Schulsack, denn das Lernen war ihm das Bitterste, das er kannte. – „Ich will es schon dem Lehrer sagen, wer an allem schuld ist", fing Chäppi wieder an, „du kannst dann nur sehen, wie es dir geht." So hätte Chäppi wohl noch eine Zeitlang seinem bösen Wesen Luft gemacht, wenn nicht der Vater schon aus dem Stall zurückgekommen wäre. Er trug zwei große, leere Futtersäcke auf der Achsel herein und kam damit auf den Tisch zugeschritten. „Mach Platz", sagte er zu Chäppi, der beide Ellbogen auf den Tisch gestemmt hielt und den Kopf darauf. Dann breitete er die Säcke aus, faltete sie zusammen, noch einmal und noch einmal; dann ging er nach der Ofenbank und legte das Paket darauf hin. „So", sagte er befriedigt, „das ist gut! Und wo hast dein Bündelchen, Kleines?" Wiseli holte es aus einer Ecke hervor, wo es bis jetzt gelegen hatte, und schaute mit Erstaunen zu, wie der Vetter-Götti das Bündelchen am oberen Ende des Pakets auf die Ofenbank hin drückte, daß es nicht so ganz kugelrund bleibe.

„So, da kannst du schlafen", sagte er nun, zu Wiseli sich umkehrend; „frieren mußt du nicht, der Ofen ist heiß, und auf das Bündelchen kannst du den Kopf legen, so liegst du wie im Bett. Und mit euch dreien ist's auch Zeit ins Bett, hurtig!" Damit nahm er die Öllampe vom Tisch und ging der Küche zu, die drei Buben stampften hinter ihm her. Bei der Tür kehrte er sich noch einmal um und sagte: „So schlaf wohl. Mußt nicht mehr nachsinnen heut', denn es kommt dann schon besser." Dann ging er hinaus. Nun kam die Base noch einmal herein mit einem Öllämpchen in der Hand und beschaute sich das Lager. „Kannst du liegen da?" fragte sie. „Du hast es ja warm hier am Ofen, manches hat kein Bett und muß dazu erst noch frieren; es kann dir auch noch so gehen, sei du nur froh, daß du einstweilen unter einem guten Dach bist. Gute Nacht!" – „Gute Nacht!" sagte Wiseli leise zurück; die Base hatte es aber jedenfalls nicht gehört, denn sie war schon halb draußen, als sie gute Nacht wünschte, und hatte die Tür gleich hinter sich zugemacht. Jetzt saß Wiseli da in der dunkeln Stube, alles war auf einmal ganz still ringsum, es hörte keinen Ton mehr. Der Mond schien ein wenig durch das eine Fenster herein, so daß Wiseli wieder erkennen konnte, wo die Ofenbank war, darauf es schlafen sollte. Es ging nun gleich dahin und setzte sich auf sein Lager. Zum ersten Male heute, seit es die Mutter verlassen hatte, war es nun allein und konnte sich besinnen, was mit ihm war. Die ganze Zeit bis jetzt war es in einer steten Spannung gewesen, denn alles hatte ihm Angst und Furcht eingeflößt, was es gesehen und gehört hatte, seit es von der Mutter weg war, und noch hatte es gar nicht weiter gedacht, nur von einem Augenblick auf den anderen sich gefürchtet. Nun saß es da, zum ersten Male in seinem Leben ohne die Mutter, und ganz klar und deutlich kam ihm nun der Gedanke, daß es sie gar nie mehr sehen werde, daß es gar nie mehr mit ihr reden und sie hören könnte. Jetzt kam auf einmal ein solches Gefühl der Verlassenheit über das Wiseli, daß es ihm gerade vorkam, als sei es mutterseelenallein und verloren auf der Welt, und gar kein Mensch kümmere sich mehr um es, und so müsse es nun ganz allein und im Dunkeln bleiben und umkommen. Und über das Wiseli kam ein solches Elend, daß es den Kopf auf sein Bündelchen drückte und ganz bitterlich zu weinen anfing und trostlos einmal über das andere sagte: „Mutter, kannst du mich nicht hören? Mutter, hörst du mich nicht?" Aber die Mutter hatte dem Wiseli oft gesagt, wenn es einem Menschen schlimm gehe und er leiden müsse, dann sei er froh, daß er zum lieben Gott im Himmel schreien könne, der höre ihn immer an und wolle ihm gern helfen, wenn gar keine Menschen ihm mehr zuhören wollen oder helfen können. Das kam dem Wiseli in den Sinn, und auf einmal saß es wieder auf und schluchzte laut: „Ach, lieber Gott im Himmel, hilf mir auch. Es ist mir so angst, und die Mutter hört mich nicht mehr!" Und so betete es zwei- oder dreimal, und dann wurde es ein wenig stiller und ruhiger; es gab ihm einen Trost ins Herz, nun es fühlte, daß doch der liebe Gott im Himmel noch da sei, zu dem es eben gerufen hatte, so war es doch nicht ganz, ganz allein. Jetzt stiegen ihm auch die Worte auf, die ihm die Mutter ganz zuletzt noch gesagt hatte: „Wenn du einmal keinen Weg mehr vor dir siehst und es dir ganz schwer wird“ – so war es jetzt schon gekommen, und doch hatte es noch nicht gewußt, wie das kommen konnte, als die Mutter so sagte –, dann, hatte sie gesagt, solle es daran denken, wie es heiße in seinem Liede:

> „Er wird auch Wege finden,
> Da dein Fuß gehen kann.“

Jetzt verstand auch Wiseli mit einem Male, was die Worte bedeuteten, die es vorher nur so hingesagt hatte, denn es war noch nie in der Angst gewesen. Aber jetzt war es ja geradeso, daß es gar keinen Weg mehr vor sich sah und dachte, mit ihm sei es ganz aus, denn vor ihm stand gar nichts mehr als ein großer Schrecken vor jedem Augenblick in des Vetter-Göttis Haus. Es kam aber jetzt ein rechter Trost in sein Herz, wie es wieder und wieder so sagte:

> „Er wird auch Wege finden,
> Da dein Fuß gehen kann.“

So hatte Wiseli noch gar nie empfunden, was es sei, einen lieben Gott im Himmel zu haben, zu dem man rufen kann, wenn man sonst von gar niemandem mehr gehört wird; gar nie bis jetzt hatte es gewußt, wie wohl das tun kann. Es faltete jetzt ganz still seine Hände und fing sein Lied von vorn an, denn es wollte so gern noch etwas mehr vor dem lieben Gott sagen und zu ihm hinauf beten; es sagte auch jedes Wort mit seinem ganzen Herzen, wie nie vorher:

> „Befiehl du deine Wege,
> Und was dein Herze kränkt,

Der allertreusten Pflege
Des, der den Himmel lenkt.

Der Wolken, Luft und Winden
Gibt Wege, Lauf und Bahn,
Der wird auch Wege finden,
Da dein Fuß gehen kann."

Es war eine beruhigende Zuversicht in des Kindes Herz gefallen; nachdem es mit Vertrauen die letzten Worte noch einmal gesagt hatte, legte es seinen Kopf wieder auf das Bündelchen und schlief augenblicklich ein.

Jetzt träumte es dem Wiseli, es sehe einen schönen, weißen Weg vor sich, ganz trocken und hell von der Sonne beschienen, der ging zwischen lauter roten Nelken und Rosen durch, und war so lockend anzusehn, daß man gleich hätte darauf hüpfen und springen mögen. Und neben dem Wiseli stand seine Mutter und hielt es liebevoll bei der Hand, wie immer, und dabei zeigte sie auf den Weg hin und sagte: „Sieh, Wiseli, das ist dein Weg! Habe ich nicht zu dir gesagt:

'Er wird auch Wege finden,
Da dein Fuß gehen kann'?"

Und das Wiseli war sehr glücklich in seinem Traume, und auf seinem Bündelchen schlief es so gut, als läge es in einem weichen Bette.

Wie es weiter geht und Sommer wird.

Als die alte Trine mit dem Bericht auf die Halde zurückkam, daß Wiselis Mutter gestorben und das Kind soeben von seinem Vetter-Götti geholt worden sei, entstand ein großer Aufruhr im Hause. Die Mutter konnte sich des Klagens und Jammerns nicht erwehren darüber, daß sie den Besuch bei der Kranken nicht mehr gemacht hatte, den sie zu machen sich schon seit einigen Tagen bestimmt vorgenommen; aber sie hatte keine Ahnung gehabt, daß das Ende der armen Frau so nahe sein konnte; sie war sehr betrübt und ergriffen.

Derweilen lief Otto mit ungeheuren Schritten der Aufregung das Zimmer auf und nieder und rief zornentbrannt einmal ums andere aus: „Es ist eine Ungerechtigkeit! Es ist eine Ungerechtigkeit! Aber wenn er ihm etwas zuleide tut, dann kann er nachher nur seine Rippen zählen, wie manche davon noch ganz ist!"

„Wen meinst du denn eigentlich, Otto, von wem sprichst du?" unterbrach die Mutter den eifernden Sohn.

„Vom Chäppi", erwiderte er; „was kann er dem Wiseli alles tun, wenn es mit ihm zusammenwohnen muß! Das ist eine Ungerechtigkeit! Aber er soll es nur probieren –." Hier wurde Otto wieder unterbrochen, indem ein wiederholtes, heftiges Stampfen seine Stimme übertönte.

„Was machst du für ein hirnerschütterndes Gerumpel, du Miez hinter dem Ofen!" rief er aus, indem er seine Aufregung nun nach dieser Seite wandte. Miezchen kam hinter dem Ofen hervor und stampfte noch einmal mit großer Gewalt auf den

Boden, denn es war bemüht, seine Füße wieder in die völlig nassen Stiefel hineinzuzwingen, welche ihm die alte Trine vor kurzer Zeit mit der größten Mühe ausgezogen hatte. Die Arbeit war sehr schwierig, und feuerrot von Anstrengung keuchte Miezchen hervor: „Du kannst sehen, daß ich so tun muß; kein Mensch kann in diese Stiefel hineinkommen ohne Stampfen."

„Und warum müssen denn die Stiefel wieder an die Füße, da ich sie gerade eben weggenommen habe, damit sie nicht mehr dran seien? möchte ich wissen", sagte die Trine, die noch im Zimmer stand.

„Ich gehe nach dem Buchenraine und hole auf der Stelle das Wiseli zu uns, es kann mein Bett haben", erklärte das Miezchen entschlossen. Ebenso entschlossen kam jetzt die alte Trine auf das Miezchen zugeschritten, hob es in die Höhe, setzte es fest auf einen Stuhl und zog mit einem Ruck den halb angezwängten Stiefel wieder weg, fand aber doch für gut, das zappelnde Kind zu beschwichtigen, indem sie zustimmend sagte: „Schon recht! Schon recht! Aber ich will's schon für dich besorgen, du brauchst nicht zwei Paar Strümpfe und zwei Paar Schuhe dafür durchzumachen. Dein Bett kannst du schon geben, du kannst dann nur in die Rumpelkammer hinaufziehen zum Schlafen, da ist Platz genug." Aber das Miezchen hatte ganz andere Gedanken. Es hatte aufgefunden, daß es sich plötzlich von einem großen und täglich wiederkehrenden Ungemach befreien könne, und hatte fest im Sinne, es zu tun. Jeden Abend nämlich, gerade wenn Miezchen im besten Zuge der Unterhaltung war, erscholl auf einmal der Befehl, aufzupacken und ins Bett zu gehen. Hierauf erfolgten jedesmal große innere, häufig auch äußere Kämpfe, die waren peinlich und dazu noch nutzlos. Wenn es nun sein Bett an das Wiseli verschenkt hatte, so war mit einem Male allem abgeholfen, denn da war keins mehr vorhanden, und Miezchen konnte für immer aufbleiben. Diese Aussicht beglückte das Miezchen so sehr, daß alle seine Gedanken darauf gerichtet waren und es erst gar nicht bemerkte, wie die schlaue Trine nur darauf bedacht war, ohne Kampf der nassen Stiefel habhaft zu werden, ihr aber gar nicht einfiel, das Wiseli zu holen. Als sie nun befriedigt mit ihren Stiefeln davonging und Miezchen die Täuschung entdeckte, fing es einen so mörderlichen Lärm an, daß Otto sich beide Ohren zuhalten und die Mutter ernstlich einschreiten mußte. Sie versprach dann dem Miezchen, die Sache mit dem Papa besprechen zu wollen, sobald er erst wieder zu Hause sein würde, denn er war an dem Morgen dieses Tages mit Onkel Max abgereist, um einen lange verabredeten Besuch bei einem alten Freund zu machen. So wurde denn endlich die Ruhe und der Friede im Hause wiederhergestellt. Erst nach vier Tagen kamen die Herren von ihrem Ausfluge zurück, und die Mutter hielt Wort: das erste, was sie mit dem Vater besprach noch am Abend seiner Ankunft, war Wiselis Verwaistsein und sein neues Unterkommen, und es wurde gleich beschlossen, der Vater sollte am folgenden Tag hingehen, um sich mit dem Herrn Pfarrer zu beraten, was etwa für Wiseli getan werden könnte. Dies wurde denn ausgeführt, und der Oberst brachte die Nachricht, daß am vergangenen Sonntag, zwei Tage vorher, der Gemeindevorstand die Sache schon geordnet hatte, wie sie nun bleiben würde. Wiseli sollte ein Unterkommen haben, und da seine Mutter nichts hinterlassen hatte, mußte die Gemeinde für das Kind sorgen, bis es selbst sein Brot verdienen konnte. Nun hatte der Vetter-Götti sich gleich angeboten, das Kind um ein weniges bei sich zu behalten, da er einen Akt der Wohltätigkeit an ihm auszuüben gedachte. Er war als ein rechtschaffener Mensch bekannt, und da seine Forderung so billig war, wurde ihm von dem Vorstand das Kind sehr bereitwillig zuerkannt, und so war es denn fest und unabänderlich, daß Wiselis neue Heimat das Haus des Vetter-Götti geworden war.

„Es ist eigentlich gut so", sagte der Oberst zu seiner Frau; „das Kind ist wohlversorgt da; was hätte man auch mit ihm machen wollen, es ist ja noch viel zu klein, um irgendwo angestellt zu werden, und alle elternlosen Kinder kannst du doch nicht ins Haus nehmen, du müßtest denn ein Waisenhaus gründen." Seine Frau war ein wenig bestürzt über die Nachricht, daß schon alles festgesetzt sei; sie hatte gehofft, es würde sich noch ein anderes Unterkommen für das Kind finden, denn das zarte Wiseli in dem Hause zu wissen, wo es viel Roheit hören und fühlen mußte, tat ihr sehr leid; doch hätte auch sie keinen bestimmten Rat gewußt, und nun war auch weiter nichts mehr zu tun, als die Sache anzunehmen und sich etwa nach dem Kinde umzusehen. Als am Morgen darauf Otto und Miezchen hörten, wie es mit Wiseli stehe, da brach freilich noch einmal ein Sturm los; Otto erklärte Wiselis Versorgung für die Versorgung eines Daniel in der Löwengrube und probierte dabei seine Faust auf dem Tisch, offenbar mit dem heimlichen Wunsch, sie so auf Chäppis Rücken wirken zu lassen. Das Miezchen lärmte und heulte ein wenig, teils aus Mitleid für Wiseli, teils aus Teilnahme für sich selbst und seine vereitelten Hoffnungen auf ein glückliches Entrinnen aus der täglichen Betthaft. Aber auch diese Aufregung ging vorüber wie jede andere, und die Tage gingen wieder ihren gewohnten Gang.

Unterdessen hatte Wiseli nach und nach sich ein wenig eingelebt in dem Hause des Vetter-Götti. Sein Bett war angekommen, es schlief nicht mehr auf der Ofenbank, sondern, wie der Vetter gesagt hatte, in einem Verschlag in dem schmalen Gang zwischen der Kammer des Vetters und der Base und derjenigen der Buben. In dem Verschlag hatte gerade sein Bett

Platz und eine kleine Kiste, worin seine Kleider lagen und auf welche es steigen mußte, um in sein Bett zu kommen, denn da war sonst gar kein Raum mehr. Sich zu waschen am Morgen, mußte es an den Brunnen gehen, und wenn es etwa gar kalt war, so sagte die Base, das könne es bleiben lassen und sich dann an einem anderen Tag waschen, wenn es wärmer sei. Aber daran war Wiseli nicht gewöhnt; seine Mutter hatte es gelehrt, sich recht sauber zu halten, und Wiseli wollte lieber frieren, als so aussehen, wie es die Mutter ungern sehen würde. Freilich daheim war es anders gewesen, wenn es am Morgen bei der Mutter in der Stube sich hatte fertig machen können, und sie dabei immer so freundliche Worte zu ihm geredet hatte und dann den Kaffee auf den Tisch stellte und sie beide nebeneinander saßen, und es fröhlich seine Brocken aß, ehe es zur Schule mußte. Das war jetzt ganz anders, und alles war so anders, sein ganzes Leben vom Morgen bis am Abend so anders, daß oft, oft beim Erinnern an die Mutter und an die Tage, die es bei ihr gehabt, dem Wiseli das Wasser in die Augen schoß, und es ihm so das Herz zusammenschnürte, daß es meinte, es könne nicht mehr weiter. Aber es wehrte sich tapfer, denn der Vetter-Götti hatte es ungern, wenn es weinte oder traurig war, und die Base schmälte dann mehr als je, sie konnte es gar nicht leiden. Am liebsten war Wiseli der Augenblick, da es von allen weg allein in seinen Verschlag steigen und so recht an die Mutter denken und sein Lied sagen konnte. Da kam ein großer Trost in sein Herz. Es dachte dann an seinen schönen Traum und war ganz sicher, daß der liebe Gott ihm einen Weg suche, so wie ihn die Mutter gezeigt hatte. Wenn ihm dann auch etwa in den Sinn kam, wie viele Menschen es auf der Welt gibt, für die der liebe Gott zu sorgen und Wege bereit zu machen hat, und ihm dann etwa der Zweifel aufstieg, ob er es vielleicht vergesse über all' den vielen, dann kam ihm gleich der gute Trost ins Herz, daß ja

50

die Mutter droben im Himmel sei und gewiß den lieben Gott daran erinnere, daß er auch seinen Weg nicht vergesse. Das machte das Wiseli dann ganz zuversichtlich und froh, und es wurde nie mehr so unglücklich, wie am ersten Abend auf der Ofenbank, sondern jeden Abend schlief es mit der ganz frohen Zuversicht im Herzen ein:

> „Er wird auch Wege finden,
> Da dein Fuß gehen kann."

So verging der Winter und der sonnige Frühling kam. Die Bäume wurden grün und alle Wiesen standen voller Schlüsselblumen und weißer Anemonen, und im Wald rief lustig der Kuckuck, und schöne, warme Lüfte zogen durch das Land und machten alle Herzen fröhlich, so daß jeder wieder gern leben mochte.

Auch Wiselis Herz erfreuten die Blumen und der Sonnenschein, wenn es am Morgen in die Schule ging und nachher wieder nach dem Buchenrain zurückkehrte. Sonst blieb ihm keine Zeit, sich daran zu erfreuen, denn es mußte nun streng arbeiten: jeder Augenblick, der neben der Schule übrig blieb, mußte zu irgendeiner Arbeit benutzt werden, und manchen halben Tag der Woche mußte es daheim bleiben und durfte gar nicht zur Schule gehen, weil da viel Nötigeres zu tun war, wie der Vetter-Götti und hauptsächlich die Base sagten. Die Frühlingsarbeiten hatten im Felde begonnen und im Garten war allerhand zu tun, da mußte es mithelfen, und wenn die Base draußen war, mußte es kochen und nachher das Geschirr abwaschen, den Trog für die Schweinchen zurecht machen und in die Scheune hinübertragen. Neben alledem mußten die Hemden und Hosen der Buben geflickt werden, und noch so vieles war zu tun, daß

Wiseli nie wußte, wenn es fertig war. Den ganzen Tag durch hieß es an allen Ecken, wo es etwas zu tun gab: „Das kann das Kind machen, es hat ja sonst nichts zu tun", so daß es dem Wiseli manchmal ganz schwindelig wurde, weil es gar nicht wußte, wo anfangen und wie fertig werden. Es wußte auch wohl, daß, wenn es damit anfing, daß es mit dem Kartoffelsamen nach dem Acker rannte, wo der Vetter schaufelte und danach rief, die Base sicher schmälen würde, daß es nicht zuvor in der Küche Feuer zum Abendessen gemacht hatte, wie sie befohlen, und machte sie zuvor das Feuer an, so zankte wieder der Chäppi, daß es nicht zuerst das Loch in seinem Wamsärmel hatte flicken können, er hatte es ihm ja schon lang gesagt, und jedes rief ihm zu: „Warum machst du denn das nicht, du hast ja sonst nichts zu tun!" So war Wiseli ganz froh, wenn es in die Schule gehen konnte, da hatte es doch eine Zeitlang Ruhe und wußte, was es tun mußte, und dazu war es auch der Ort, wo es noch freundliche Worte bekam, denn jedesmal, wenn die Zeit der Pause kam, oder beim Heraustreten aus der Schule, kam der Otto zu Wiseli heran und war freundlich mit ihm und brachte immer wieder eine Einladung von seiner Mutter, daß es etwa am Sonntagabend zu ihnen komme, sie wollten dann allerlei Spiele zusammen machen. Das konnte nun Wiseli nie ausführen, denn am Sonntag mußte es den Kaffee machen, und die Base erlaubte ihm nicht, fortzugehen an dem einzigen Tag, da es ihr etwas helfen könne, wie sie sagte. Aber es tat doch dem Wiseli sehr wohl, daß Otto es immer wieder einlud, und nur schon, daß er freundliche Worte zu ihm redete, es hörte deren sonst von niemand mehr. Noch einen Grund hatte Wiseli, warum es gern zur Schule ging; es mußte jedesmal an dem sauberen Gärtchen vom Schreiner Andres vorbei; da schaute es so gern hinein und paßte da an der niederen Hecke immer und immer wieder die Gelegenheit ab, den Schreiner Andres zu sehen, denn es hatte ihm ja noch etwas von der Mutter auszurichten, das hatte es gar nicht vergessen. Aber in das Haus hineinzugehen, dazu war Wiseli zu schüchtern, es kannte den Mann auch zu wenig, um einen solchen Schritt zu tun, auch hatte es eine eigene Art von Scheu vor ihm, weil er so still war und es nur immer, wo es ihn noch getroffen, ganz freundlich angesehen, aber fast nie etwas, oder nur so ein flüchtiges Wort zu ihm gesagt hatte. Noch hatte Wiseli nie den Schreiner Andres erblicken können, wie oft es auch an der Hecke stillgestanden und nach ihm ausgeschaut hatte.

Mai und Juni waren vorbei und die langen Sommertage waren gekommen, da es auf dem Felde immer mehr Arbeit gibt und alle Arbeit so heiß macht. Das merkte auch das Wiseli, wenn es vom Vetter hinausgerufen wurde und mit einem großen schweren Rechen das Heu zusammenbringen mußte, oder mit der breiten hölzernen Gabel wieder auseinanderwerfen, daß es an der Sonne trockne. Oft mußte es so den ganzen Tag draußen helfen, und am Abend war es dann so müde, daß es seine Arme kaum mehr bewegen konnte. Das hätte es aber nicht geachtet, denn es dachte, das müsse so sein; aber wenn es dann etwa am Abend einen Augenblick still saß, dann rief ihm der Chäppi gleich zu: „Du wirst so gut Rechnungen zu machen haben, wie ich; du meinst, du müssest nichts tun, und in der Schule kannst du ja nie etwas." Das tat dem Wiseli weh, denn es hätte gern recht fleißig alles gelernt und wäre gern regelmäßig zur Schule gegangen, damit es alles gut begreifen und erlernen könnte, wie viele andere, und es wußte recht wohl, daß es fast überall zurück war. Es mußte ja so oft unterbrechen und hatte dann gar keinen Zusammenhang, wußte auch gar nicht, was die Aufgaben für die Schule waren. Wenn es dann so ohne Arbeit kam und dazu ungeschickt antwortete und vieles gar nicht wußte, schämte es sich so sehr und besonders, wenn der Lehrer ihm dann so vor allen Kindern sagte: „Das hätte ich von dir nicht erwartet, Wiseli, du warst immer am geschicktesten." Dann meinte es oft, es müsse in den Boden hineinkriechen vor Scham, und nachher weinte es auf dem ganzen Heimweg. Aber dem Chäppi durfte es nicht antworten, es wisse ja nicht, was machen, sonst schimpfte und lärmte er so lange, bis die Base hereinkam und auf Chäppis Anklagen hin dem Wiseli erst recht seine Nachlässigkeit vorwarf. Dann zerdrückte das Kind manchmal seine Tränen und erst nachher auf seinem Kissen durfte es ihnen den Lauf lassen, und sie kamen dann auch recht heiß und schwer, denn es war ihm so, als hätten der liebe Gott und die Mutter es ganz vergessen und kein Mensch auf der Welt kümmere sich um sein Leben. In seinem Kummer konnte es oft lange sein Trostlied nicht sagen; es kam aber zu keiner Ruhe und konnte nie einschlafen, bis es die Worte wieder recht zusammengefunden und sie mit Andacht hatte sagen können, wenn ihm auch die frohe Zuversicht nicht recht im Herzen aufgehen wollte. So war das Wiseli auch entschlafen an einem schönen Juliabend, und am Morgen darauf stand es zaghaft unten am Tisch, als die Buben sich zur Schule rüsteten; es wagte nicht, zu fragen, ob es auch gehen dürfe, denn die Base schien keine Zeit zu einer Antwort übrig zu haben und der Vetter war schon zur Tür hinausgegangen.

Jetzt liefen die Buben davon. Wiseli schaute ihnen nach durch das offene Fenster, wo sie zwischen den hohen Wiesenblumen hinsprangen und über ihren Köpfen die weißen Schmetterlinge in der Morgensonne umherflogen. Die Base hatte eine große Wäsche vorbereitet, mußte es wohl diese Woche am Waschtrog zubringen? Richtig, sie rief schon nach ihm aus der Küche. Jetzt rief auch der Vetter-Götti seinen Namen; er stand am Brunnen und sah es am Fenster. „Mach, mach, Wiseli, es ist Zeit, die

Buben sind ja weit voraus. Das Heu ist drinnen, mach, daß du in die Schule kommst!"

Das ließ sich Wiseli nicht zweimal sagen. Wie ein Blitz erfaßte es seinen Schulsack und flog zur Tür hinaus.

„Sag dem Lehrer", rief der Vetter nach, „es gebe jetzt eine Zeitlang keine Absenzen, er soll's nicht so genau nehmen, wir haben streng mit dem Heu zu tun gehabt." Wiseli lief ganz glücklich davon; so mußte es denn nicht an den Waschtrog hin, es durfte die ganze Woche in die Schule gehen. Wie war es so schön ringsum! Von allen Bäumen pfiffen die Vögel, und das Gras duftete, und in der Sonne leuchteten die roten Margeritli und die gelben Glisserli. Wiseli konnte nicht stille stehen, es war keine Zeit dazu, aber es fühlte wohl, wie schön es war, und lief voller Freuden mittendurch.

An demselben Abend, als eben alle Kinder aus der dumpfen Schulstube in den sonnigen Abendschein hinausstürmen wollten, rief der Lehrer ernsthaften Angesichts in den Tumult hinein: „Wer hat die Woche?"

„Der Otto, der Otto!" rief die ganze Schar und stürmte davon.

„Otto", sagte der Lehrer in ernstem Ton, „gestern ist hier nicht aufgeräumt worden. Einmal will ich dir verzeihen; aber laß mich dies nicht zum zweiten Male erfahren, sonst müßte die Strafe folgen."

Otto schaute einen Augenblick auf all' die Nußschalen und Papierfetzen und Apfelschnitze, die am Boden herumlagen und sollten aufgelesen sein; dann wandte er eilends den Kopf weg und lief ebenfalls zur Tür hinaus, denn der Lehrer war auch schon durch seine Tür verschwunden. Draußen stand Otto auf dem sonnigen Platz still und schaute in den goldenen Abend hinaus und dachte: „Jetzt könnte ich heimgehen, und dann kriegte ich die Kappe voll Kirschen, und dann könnte ich auf dem Braunen ins Feld hinausreiten, wenn der Knecht das Heu holt, und nun soll ich drinnen auf dem Boden Papierfetzen zusammenlesen?" — und Otto wurde durch seine Gedanken so aufgeregt, daß er ganz grimmig vor sich hin sagte: „Ich wollte, es käme gerade jetzt der jüngste Tag, und das Schulhaus und alles miteinander flöge in tausend Stücken in die Luft hinauf!" Es blieb aber ringsum still und ruhig und von dem alles beendenden Erdbeben waren keine Anzeichen da. Da kehrte sich endlich Otto wieder der Schultür zu mit einem furchtbaren Grimm auf seinem Gesicht, denn er wußte ja, in den sauren Apfel mußte nun gebissen werden, oder morgen folgte die erniedrigende Strafe des Festsitzens, die wollte er nicht an sich kommen lassen. Er trat ein, aber beim ersten Schritt blieb er verwundert stehen: völlig aufgeräumt lag die Schulstube vor ihm, kein Fetzchen und kein Stäubchen nirgends mehr zu sehen; die Fenster standen offen und lieblich strömte die Abendluft in die geputzte Stube hinein. In dem Augenblick trat der Lehrer aus seiner Stube und schaute verwundert um sich und auf den starrenden Otto. Dann ging er zu diesem hin und sagte ermunternd: „Du darfst wirklich dein Werk anstaunen, das hätte ich dir nicht zugetraut. Du bist ein guter Schüler, aber im Aufräumen hast du heute alle übertroffen, was sonst bei dir nicht der Fall war." Damit ging der Lehrer fort, und als sich Otto noch mit einem letzten Blick überzeugt hatte, daß er die Wirklichkeit vor sich sah, sprang er vor Freuden in zwei Sätzen die Treppe hinunter und über den Platz weg, stürmte die Halde hinauf, und erst als er der Mutter das wunderbare Ereignis mitteilte, fing er an zu denken, wie es sich wohl so begeben hatte.

„Aus Versehen wird wohl keiner für dich aufgeräumt haben", sagte die Mutter; „hast du etwa einen guten Freund, der sich so edelmütig für dich aufopfert? Denk doch einmal nach, wie es sein könnte."

„Ich weiß es", sagte Miezchen entschieden, das eifrig zugehört hatte.

„Ja, wer denn?" rief Otto, teils neugierig, teils ungläubig.

„Der Mauserhans", erklärte Miezchen mit voller Überzeugung, „weil du ihm einen Apfel gegeben hast vor einem Jahr." „Ja, oder der Wilhelm Tell, weil ich ihm den seinigen nicht genommen habe vor ein paar Jahren. Das wäre wohl ebenso wahrscheinlich, du Wunder von einem Miez." Damit rannte Otto davon, denn jetzt war's die höchste Zeit, wollte er den Ritt ins Heu nicht verlieren.

Unterdessen sprang das Wiseli mit vergnügtem Herzen den Berg hinunter, vorbei an des Schreiners Andres Gärtchen, und tat noch ein paar Sprünge, dann machte es aber plötzlich Kehrum und tat die letzten Sprünge wieder zurück, denn es hatte im Vorbeilaufen so schöne, rote Nelken offen gesehen in dem Garten, die mußte es noch einmal ansehen, wenn es schon ein wenig spät war; es dachte: „Den Buben komme ich doch nach, die machen erst auf allen Wegen noch Kugelschieben." Die Nelken leuchteten in der Abendsonne so schön und dufteten so herrlich über die niedere Hecke herüber dem Wiseli zu, daß es fast nicht mehr von der Stelle fort konnte, so wohl gefiel es ihm da. Da trat auf einmal der Schreiner Andres aus seiner Tür heraus in das Gärtchen und kam gerade auf das Wiseli zu. Er bot ihm die Hand über die Hecke und sagte ganz freundlich: „Willst du eine Nelke, Wiseli?"

57

„Ja, gern", antwortete es, „und dann sollte ich Euch auch noch etwas ausrichten von der Mutter."

„Von der Mutter?" fragte der Schreiner Andres im höchsten Erstaunen und ließ die Nelken aus der Hand fallen, die er eben abgebrochen hatte. Wiseli sprang um die Hecke herum und las sie auf; dann sah es zu dem Manne auf, der ganz still dastand, und sagte: „Ja, noch zuallerletzt, als die Mutter sonst nichts mehr mochte, hat sie von dem schönen Saft getrunken, den Ihr in die Küche gestellt hattet, und er hat ihr so wohlgetan, und dann hatte sie mir aufgetragen, ich soll Euch sagen, sie danke Euch vielmal dafür und auch noch für alles Gute, und sie sagte noch: ‚Er hat es gut mit mir gemeint.'" Jetzt sah Wiseli, wie dem Schreiner Andres große Tränen über die Wangen hinunterliefen; er wollte etwas sagen, aber es kam nichts heraus. Dann drückte er dem Wiseli stark die Hand, kehrte sich um und ging ins Haus hinein.

Das Wiseli stand ganz verwundert da. Kein Mensch hatte um seine Mutter geweint, und es selbst hatte nur weinen dürfen, wenn es niemand sah, denn der Vetter wollte ja kein Geschrei, hatte er gesagt, und vor der Base durfte es noch weniger weinen. Und nun war auf einmal jemand da, dem kamen die Tränen, weil es etwas von der Mutter gesagt hatte. Dem Wiseli wurde es so zumut', als wäre der Schreiner Andres sein liebster Freund auf der Welt, und es faßte eine große Liebe zu ihm. Jetzt rannte es mit seinen Nelken davon und war wie der Blitz am Buchenrain angelangt, und das war gut, denn eben sah es, wie die beiden Buben dem Haus zuliefen, und es durfte um alles nicht nach ihnen daheim ankommen.

An diesem Abend betete Wiseli mit so frohem Herzen, daß es gar nicht begriff, wie es gestern so verzagt hatte sein können und gar keine Zuversicht und Freude gehabt hatte, sein Lied zu sagen. Der liebe Gott hatte es gewiß nicht vergessen, das wollte es nicht mehr denken, heute hatte er ihm ja so viel Freude geschickt, und beim Einschlafen sah Wiseli noch das gute Gesicht des Schreiners Andres vor sich mit den Tränen drin.

Am folgenden Tage, es war nun Mittwoch, erlebte Otto vollständig dieselbe überraschende Tatsache, wie am Tage vorher, denn er hatte sich nicht enthalten können, mit den anderen aus der Schulstube hinauszurennen im ersten Augenblick der Befreiung und noch diesen und jenen Sprung zu tun. Als er dann mit gedrücktem Gemüte an seine Arbeit gehen wollte und die Tür aufmachte – siehe, da war schon alles getan und die Stube in bester Ordnung. Nun fing aber die Sache an, seine Neugierde zu stacheln; auch hatte er einen so lebendigen Dank im Herzen für den unbekannten Wohltäter, daß es ihn drängte, den auszusprechen. Am Donnerstag wollte er aufpassen, wie die Sache zugehe. Als nun die Schulstunden zu Ende waren und alles forteilte, stand Otto einen Augenblick nachdenklich an seinem Platz, er wußte nicht recht, wo er am besten dem Wohltäter aufpassen konnte. Aber mit einem Male faßte ihn eine Schar rüstiger Kerle, seine Klassengenossen, an allen Ecken an, und die Stimmen riefen durcheinander: „Komm heraus! Heraus mit dir! Wir machen Räuber, du bist der Anführer." Otto wehrte sich ein wenig. „Ich habe ja die Woche", rief er. „Ach was", scholl es zurück, „wegen einer Viertelstunde. Komm!" Otto ließ sich fortreißen, in der Stille verließ er sich schon ein wenig auf seinen unbekannten Freund, der ihn vor der Strafe schützen würde; er fand es unbeschreiblich angenehm, ein solche Fürsorge im Rücken zu haben. Aus der Viertelstunde wurde auch mehr als eine Stunde, und Otto wäre verloren gewesen. Er keuchte nach der

Schulstube, um sein Schicksal zu vernehmen, und stieß dabei die Tür mit solchem Gepolter auf, daß der Lehrer augenblicklich aus seiner Stube ins Lehrzimmer heraustrat. „Was hast du gewollt, Otto?" fragte der Lehrer. „Nur noch einmal nachsehen", stotterte Otto, „ob auch sicher alles in Ordnung sei."

„Musterhaft", bemerkte der Lehrer. „Dein Eifer ist löblich, aber die Türen halb einzuschlagen dabei ist nicht notwendig." Otto ging sehr wohlgemut von dannen. Am Freitag war er entschlossen, den Fleck nicht zu räumen, bis er im klaren war, denn da kam für ihn nur noch der Samstagmorgen; da gab es freilich immer noch eine Hauptträumerei. „Otto", rief der Lehrer, als am Freitag die Glocke vier Uhr schlug, „trag mir schnell das Zettelchen zum Herrn Pfarrer, er gibt dir Schriften zurück; in fünf Minuten bist du wieder da zum Aufräumen." Das war Otto nicht ganz recht, aber er mußte gehen, auch konnte er ja gleich wieder da sein. In wenig Sprüngen war er im Pfarrhaus. Der Herr Pfarrer hatte noch jemandem Bescheid zu geben; die Frau Pfarrerin rief Otto in den Garten hinaus, er mußte ihr berichten, wie es der Mama gehe und dem Papa und dem Miezchen und dem Onkel Max und den Verwandten in Deutschland, und dann kam der Herr Pfarrer, und Otto mußte erklären, wie er zu der Kommission gekommen war, und was ihm der Lehrer sonst noch aufgetragen habe. Endlich hatte dann Otto seine Papiere erhalten und pfeilschnell war er drüben, riß die Tür der Schulstube auf: – alles in Ordnung, alles still, kein menschliches Wesen zu sehen.

„Nun habe ich mich die ganze Woche nicht ein einziges Mal nach den grausigen Fetzen bücken müssen", dachte Otto befriedigt; „aber wer hat das Schauerliche nur tun können, ohne daß er mußte?" Das wollte er nun um jeden Preis wissen.

Am Samstag waren die Schulstunden um elf Uhr zu Ende. Otto ließ alle Kinder hinausgehen, und wie nun die Schulstube leer war, da ging er vor die Tür hinaus, schloß sie zu und lehnte sich mit dem Rücken daran; so mußte er doch gewiß sehen, ob da jemand hineingehen wolle, denn damit wollte er lieber beginnen, als mit der schweren Arbeit. Er stand und stand – es kam niemand. Er hörte die Uhr halb zwölf schlagen – es kam niemand. Auf den Nachmittag stand aber ein Ausflug bevor, es sollte früh Mittag gemacht werden heut', er sollte so schnell wie möglich zu Hause sein. Er mußte also hinein an die Arbeit, es grauste ihm. Er machte die Tür auf – da – Otto starrte noch mehr als das erste Mal – wahrhaftig es war so, es war alles getan, schöner als je. Dem Otto wurde es ganz eigentümlich zumut', es schwebte ihm etwas wie eine Geistergeschichte vor. Ganz leise, wie nie sonst, schlich er zur Tür hinaus. Gerade in diesem Augenblick kam ebenso leise etwas aus des Lehrers Küche herausgeschlichen, und auf einmal stand das Wiseli ganz nahe vor ihm; beide fuhren zusammen vor Schrecken, und das Wiseli wurde über und über rot, so, als hätte es der Otto auf einem Unrecht erwischt. Jetzt ging diesem ein Licht auf.

„Sicher hast du das für mich gemacht die ganze Woche lang, Wiseli", rief er aus; „das tut doch gewiß sonst kein Mensch, wenn er nicht muß."

„Es hat mich aber so gefreut, es zu tun, wie du gar nicht glaubst", gab Wiseli zur Antwort.

„Nein, nein, das mußt du nicht sagen, Wiseli; so etwas zu tun, kann keinen Menschen auf der Welt freuen", sagte Otto überzeugt.

„Doch gewiß, gewiß", versicherte Wiseli, „ich habe die ganze Zeit lang mich immer auf den Abend gefreut, wenn ich es wieder tun durfte, und während ich aufräumte, habe ich mich erst recht immerzu gefreut, weil ich immer gedacht habe: jetzt kommt der Otto und findet alles fertig und ist froh."

„Aber wie kam es dir denn in den Sinn, daß du das für mich tun wolltest?" fragte Otto noch immer verwundert.

„Ich wußte schon, daß du es nicht gern tust, und ich habe schon immer gedacht, wenn ich nur auch einmal dem Otto etwas geben könnte, wie du mir den Schlitten, weißt noch? Aber ich hatte gar nie etwas."

„Das ist viel mehr wert, als einen Schlitten leihen, was du für mich jetzt getan hast; das will ich dir auch nicht vergessen, Wiseli", und Otto gab ihm ganz gerührt die Hand. Wiselis Augen leuchteten vor Freude wie lange nicht mehr. Aber nun wollte Otto noch wissen, wie es denn wieder in die Stube hineingekommen sei, da er doch gewartet hatte, bis alle Kinder draußen waren.

„O ich bin gar nicht hinausgegangen", sagte Wiseli; „ich verbarg mich schnell hinter dem Kasten, ich dachte, du gehest schon noch ein wenig hinaus, wie jeden Tag vorher."

„Aber wie konntest du immer hinaus, ohne daß ich dich sah?" wollte Otto noch wissen.

„Wenn du am Herumlaufen warst mit den anderen, konnte ich schon hinaus, ich horchte schon auf, und gestern und heute, wie ich nicht sicher war, ging ich durch des Lehrers Stube und fragte die Frau Lehrerin, ob sie etwas zu verrichten habe, sie gibt mir manchmal einen Auftrag auszurichten, und dann ging ich durch die Küche fort; gestern war ich gerade hinter der Küchentür, als du in die Schulstube hineinranntest."

Jetzt wußte Otto die ganze Geistergeschichte. Er bot dem Wiseli noch einmal die Hand. „Danke, Wiseli", sagte er herzlich; und dann lief eins da hinaus, das andere dort hinaus, und beiden war es ganz wohl zumute.

Das Alte und auch etwas Neues.

Der Sommer war vergangen und auch die schönen Herbsttage waren wohl zu Ende. Es wurde kühl und nebelig am Abend, und in den feuchten Wiesen fraßen die Kühe das letzte Gras ab, und hier und da flackerten auf den Wiesen kleine Feuer auf, denn die Hirtenbuben brieten Kartoffeln da und wärmten sich die Hände.

An einem solchen nebelgrauen Abend kam Otto aus der Schule heimgerannt und erklärte seiner Mutter, er müsse nachsehen, was das Wiseli mache, denn seit den Herbstferien war es noch gar nie in die Schule gekommen, wohl acht Tage lang nicht. Otto steckte seine Vesperäpfel zu sich und eilte fort. Am Buchenrain angekommen, sah er den Rudi vor der Haustür am Boden sitzen und von einem Haufen Birnen, die neben ihm lagen, eine nach der anderen zerbeißen.

„Wo ist das Wiseli?" fragte Otto.

„Draußen", war die Antwort.

„Wo draußen?"

„Auf der Wiese."

„Auf welcher Wiese?"

„Ich weiß nicht", und Rudi knackte weiter an seinen Birnen. „Du stirbst einmal nicht am Gescheitsein", bemerkte Otto und ging aufs Geratewohl die große Wiese hin, die sich vom Haus bis gegen den Wald hinaufzog. Jetzt entdeckte er drei schwarze

Punkte unter einem Birnbaum und ging darauf zu. Richtig, da bückte sich Wiseli, um die Birnen zusammenzulesen, dort saß der Chäppi rittlings auf seinem Birnenkratten, und zuhinterst lag der Hans rücklings über den vollen Korb hin und schaukelte sich so darauf, daß der Korb jeden Augenblick umzustürzen drohte. Chäppi sah ihm zu und lachte bei jedem Rucke.

Als Wiseli den Otto herankommen sah, kam ein ganzer Sonnenschein auf sein Gesicht. „Guten Abend, Wiseli", rief er von weitem, „warum bist du so lange nicht in die Schule gekommen?" Wiseli streckte ganz erfreut dem Otto die Hand entgegen. „Wir haben so viel zu tun, darum durfte ich nicht kommen", sagte es; „sieh nur, wieviel Birnen es gibt! Ich muß vom Morgen bis zum Abend auflesen, soviel ich nur kann."

„Du hast ja ganz nasse Schuhe und Strümpfe", bemerkte Otto; „bah, hier ist's nicht gemütlich, frierst du nicht, wenn du so naß bist?"

„Es schaudert mich nur manchmal ein wenig, sonst ist es mir eher heiß vom Auflesen." In diesem Augenblick gab der Hans seinem Korb einen solchen Ruck, daß alles übereinander auf den Boden hinrollte; der Hans, der Korb und alle Birnen, die fuhren nach allen Richtungen hin.

„Oh, oh!" sagte Wiseli kläglich, „nun muß man die alle wieder zusammenlesen."

„Und die auch", rief Chäppi und lachte heraus, als die Birne, die er geworfen hatte, dem Wiseli an die Schläfe fuhr, daß es ganz bleich wurde und ihm vor Schmerz das Wasser in die Augen kam. Kaum hatte Otto das gesehen, als er auf den Chäppi losfuhr, ihn samt seinem Kratten umwarf und ihn fest im

Genick packte. „Hör auf, ich muß ersticken", gurgelte der Chäppi; jetzt lachte er nicht mehr. – „Ich will machen, daß du daran denkst, daß du es mit mir zu tun hast, wenn du so mit dem Wiseli verfährst", rief Otto zornglühend. „Hast du genug? Willst du daran denken?" – „Ja, ja, laß nur los!" bat Chäppi, mürbe gemacht. Nun ließ Otto los. „Jetzt hast du's gespürt", sagte er; „wenn du dem Wiseli noch einmal etwas zuleide tust, so packe ich dich so, daß du noch einen Schrecken hast davon, wenn du siebzig Jahr alt bist. Leb wohl, Wiseli." Damit kehrte sich Otto um und ging mit seinem Zorn nach Hause.

Hier suchte er gleich seine Mutter auf und schüttete seine ganze Empörung vor ihr aus, daß das Wiseli eine solche Behandlung erdulden müsse. Er war auch ganz entschlossen, auf der Stelle zum Herrn Pfarrer zu gehen und den Vetter-Götti und seine ganze Familie anzuklagen, daß man ihnen das Wiseli entreiße. Die Mutter hörte ruhig zu, bis Otto sich ein wenig abgekühlt hatte, dann sagte sie:

„Sieh, lieber Junge, das würde gar nichts nützen, das Kind würde man dem Vetter-Götti nicht wegnehmen, nur ihn reizen, wenn er so etwas hörte. Er meint es selbst nicht böse mit dem Kinde, und es ist kein genügender Grund da, ihm Wiseli ganz wegzunehmen. Ich weiß wohl, daß das arme Kind jetzt ein hartes Brot ißt, ich habe es auch gar nicht vergessen, ich schaue immer danach aus, ob mir der liebe Gott nicht einen Weg auftue, da dem Kinde in einer gründlichen Weise könnte geholfen werden; die Sache liegt mir auch am Herzen, das kannst du glauben, Otto. Wenn du unterdessen das Wiseli schützen und den rohen Chäppi ein wenig zähmen kannst, ohne selbst dabei roh zu werden, so bin ich ganz damit einverstanden."

Otto beruhigte sich am besten im Gedanken, daß die Mutter doch auch immerfort nach einem anderen Wege für das Wiseli ausschaute. Er selber dachte alle möglichen Rettungswege aus, aber alle führten in die Luft hinauf und hatten keinen Boden, und er sah ein, daß das Wiseli da nicht darauf wandeln konnte, und als er dann zu Weihnachten seine Wünsche aufschreiben durfte, da schrieb er ganz desperat mit ungeheuren Buchstaben, so als müßte man sie vom Himmel herunter lesen können, auf sein Papier: „Ich wünsche, daß das Christkind das Wiseli befreie."

Nun war der kalte Januar wieder da und der Schlittweg war so prächtig glatt und fest, daß die Kinder gar nicht genug bekommen konnten, die herrliche Bahn zu benutzen. Es kam auch eben eine helle Mondnacht nach der anderen, und Otto hatte auf einmal den Einfall, am allerschönsten müßte das Schlittenfahren im Mondschein sein, die ganze Gesellschaft sollte sich am Abend um sieben Uhr zusammenfinden und die Mondscheinfahrten ausführen, denn es war der Tag des Vollmonds, da mußte es prächtig werden. Mit Jubel wurde der Vorschlag angenommen und die Schlittbahngenossen trennten sich gegen fünf Uhr wie gewöhnlich, da die Nacht einbrach, um sich um sieben Uhr wieder zusammenzufinden. Weniger Anklang fand der Vorschlag bei Ottos Mutter, als er ihr mitgeteilt wurde, und sie wurde gar nicht von der Begeisterung hingerissen, mit welcher die Kinder beide auf einmal und in den lautesten Tönen ihr das Wundervolle dieser Unternehmung schilderten. Sie stellte ihnen die Kälte des späten Abends vor, die Unsicherheit der Fahrten bei dem ungewissen Licht und alle Gefahren, die besonders das Miezchen bedrohen könnten. Aber die Einwendungen entflammten immer mehr den brennenden Wunsch, und Miezchen flehte, als hinge seine einzige

Lebensfreude an dieser Schlittenfahrt; Otto versprach auch hoch und teuer, er würde dem Miezchen nichts geschehen lassen, sondern immer in seiner nächsten Nähe bleiben. Endlich willigte die Mutter ein. Mit großem Jubel und wohlverpackt zogen die Kinder ein paar Stunden nachher in die helle Nacht hinaus. Es ging alles ganz nach Wunsch, die Schlittbahn war unvergleichlich, und das Geheimnisvolle der dunkeln Stellen, wo der Mondschein nicht hinfiel, erhöhte den Reiz der Unternehmung. Eine Menge Kinder hatte sich eingefunden, alle waren in der fröhlichsten Stimmung. Otto ließ sie alle vorausfahren, dann kam er und zuletzt mußte das Miezchen kommen, damit ihm keiner in den Rücken fahren konnte; so hatte es Otto eingerichtet, er konnte dabei auch immer von Zeit zu Zeit mit einem schnellen Blick gewahren, ob Miezchen richtig nachkomme. Als nun alles so herrlich vonstatten ging, fiel einem der Buben ein, nun müßte einmal der ganze Zug „anhängen", nämlich ein Schlitten an den anderen gebunden werden und so herunterfahren, das müßte im Mondenschein ein ganz besonderes Juxstück abgeben. Unter großem Lärm und allgemeiner Zustimmung ging man gleich ans Werk. Für Miezchen fand Otto die Fahrt doch ein wenig gefährlich, denn manchmal gab es dabei einen großartigen Umsturz sämtlicher Schlitten und Menschen darauf; das konnte er für das kleine Wesen nicht riskieren. Er ließ seinen Schlitten zuletzt anbinden, der Miezchens aber wurde freigelassen. So fuhr es, wie immer, hinter dem Bruder her, nur konnte er jetzt nicht, wie sonst, seinen Schlitten langsamer fahren lassen, wenn Miezchen zurückblieb, denn er war in der Gewalt des Zuges. Jetzt ging es los, und herrlich und ohne Anstand glitt die lange, lange Kette die glatte Bahn hinunter.

Mit einem Mal hörte Otto ein ganz furchtbares Geschrei, und er kannte die Stimme wohl, die es ausstieß, es war Miezchens

Stimme. Was war da geschehen? Otto hatte keine Wahl, er mußte die Lustpartie zu Ende machen, wie groß auch sein Schrecken war. Aber kaum unten angelangt, riß er sein Schlittenseil los und rannte den Berg hinan; alle anderen hinter ihm drein, denn fast alle hatten das Geschrei vernommen und wollten auch sehen, was los war. An der halben Höhe des Berges stand das Miezchen neben seinem Schlitten und schrie aus allen seinen Kräften und weinte ganze Bäche dazu. Atemlos stürzte Otto nun herzu und rief: „Was hast du? Was hast du?"

„Er hat mich – er hat mich – er hat mich", schluchzte Miezchen und kam nicht weiter vor innerem Aufruhr.

„Was hat er? Wer denn? Wo? Wer?" stürzte Otto heraus.

„Der Mann dort, der Mann, er hat mich – er hat mich totschlagen wollen und hat mir – und hat mir – furchtbare Worte nachgerufen."

So viel kam endlich heraus unter immer neuem Geschrei.

„So sei doch nur still jetzt, hör' Miezchen, tu' doch nicht so, er hat dich ja doch nicht totgeschlagen; hat er dich denn wirklich geschlagen?" fragte Otto ganz zahm und teilnehmend, denn er hatte Angst. „Nein", schluchzte Miezchen, neuerdings überwältigt; „aber er wollte, mit einem Stecken, – so hat er ihn aufgestreckt und hat gesagt: 'Wart du!' Und ganz furchtbare Worte hat er mir nachgerufen."

„So hat er dir eigentlich gar nichts getan", sagte Otto und atmete beruhigt auf.

„Aber er hat ja – er hat ja – und ihr wart alle schon weit fort, und ich war ganz allein", – und vor Mitleid für seinen Zustand und nachwirkendem Schrecken brach Miezchen noch einmal in lautes Weinen aus.

„Bscht! Bscht!" beschwichtigte Otto; „sei doch still jetzt, ich gehe nun nicht mehr von dir weg, und der Mann kommt nicht mehr, und wenn du nun gleich ganz still sein willst, so geb' ich dir den roten Zuckerhahn vom Christbaum, weißt du?"

Das wirkte. Mit einem Male trocknete Miezchen seine Tränen weg und gab keinen Laut mehr von sich, denn den großen, roten Zuckerhahn vom Christbaum zu erlangen, war Miezchens allergrößter Wunsch gewesen, er war aber bei der Teilung auf Ottos Teil gefallen und Miezchen hatte den Verlust nie verschmerzen können. Wie nun alles im Geleise war und die Kinder den Berg hinanstiegen, wurde verhandelt, was es denn für ein Mann könne gewesen sein, der das Miezchen habe totschlagen wollen.

„Ach was, totschlagen", rief Otto dazwischen; „ich habe schon lange gemerkt, was es war, wir haben ja im Herunterfahren den großen Mann mit dem dicken Stock auch angetroffen, er mußte unseren Schlitten ausweichen in den Schnee hinein, das machte ihn böse, und wie er dann hintenan das Miezi allein antraf, hat er es ein wenig erschreckt und seinen Zorn an ihm ausgelassen." Die Erklärung fand allgemeine Zustimmung, das war ja so natürlich, daß jedes meinte, es sei ihm selber so in den Sinn gekommen; so ward auch die Sache gleich völlig vergessen und lustig drauf los geschlittet. Endlich aber mußte auch dies Vergnügen ein Ende nehmen, denn es hatte längst acht Uhr geschlagen, die Zeit, da aufgebrochen werden sollte. Im Heimweg schärfte der Otto dem Miezchen ein, zu Hause nichts zu erzählen von dem Vorfall, sonst könnte die Mutter Angst bekommen, und dann dürften sie gar nie mehr im Mondschein schlitten gehen: den Zuckerhahn müsse es gleich haben, aber noch daraufhin versprechen, nichts zu erzählen. Miezchen versprach hoch und teuer, kein Wort sagen zu wollen; die Spuren seiner Tränen waren auch längst vergangen und konnten nichts mehr verraten.

Längst schon schliefen Otto und Miezchen auf ihren Kissen, und der rote Zuckerhahn spazierte durch Miezchens Träume und erfüllte sein Herz mit einer so großen Freude, daß es jauchzte im Schlaf. Da klopfte es unten an die Haustür mit solcher Gewalt, daß der Oberst und seine Frau vom Tisch auffuhren, an dem sie eben in Gemütlichkeit gesessen und sich über ihre Kinder unterhalten hatten, und die alte Trine in strafendem Tone oben zum Fenster hinausrief: „Was ist das für eine Manier!"

„Es ist ein großes Unglück begegnet", tönte es von unten herauf; „der Herr Oberst soll doch herunterkommen, sie haben den Schreiner Andres tot gefunden."

Damit lief der Bote wieder davon. Der Oberst und seine Frau hatten genug gehört, denn auch die hatten sich dem offenen Fenster genähert. Augenblicklich warf der Oberst seinen Mantel um und eilte dem Hause des Schreiners zu. Als er in die Stube hineintrat, fand er schon eine Menge Leute da; man hatte den Friedensrichter und Gemeindammann geholt, und eine Schar Neugieriger und Teilnehmender war mit ihnen eingedrungen. Andres lag am Boden im Blute und gab kein Lebenszeichen von sich; der Oberst näherte sich.

„Ist denn jemand nach dem Doktor gelaufen?" fragte er, „hier muß vor allem der Doktor her."

71

Es war niemand dahin gegangen; da sei ja doch nichts mehr zu machen, meinten die Leute.

„Lauf, was du kannst, zum Doktor", befahl der Oberst einem Burschen, der dastand; „sag ihm, ich lass' ihn bitten, er soll auf der Stelle kommen." Dann half er selbst den Andres vom Boden aufheben und in die Kammer hinein auf sein Bett legen. Erst jetzt trat der Oberst an die schwatzenden Leute heran, um zu hören, wie der Vorfall sich zugetragen hatte, ob jemand etwas Näheres wisse. Der Müllerssohn trat vor und erzählte, er sei vor einer halben Stunde da vorbeigekommen, und da er noch Licht gesehen in des Schreiners Stube, habe er im Vorbeiweg schnell fragen wollen, ob seine Aussteuersachen auch zur Zeit fertig werden. Er habe die Tür der Stube offen stehend, den Andres tot im Blut liegend am Boden gefunden. Der Matten-Joggi, der dabeistand, habe ihm lachend ein Goldstück entgegengestreckt, wie er hereingetreten sei. Er habe dann nach Leuten gerufen, daß der Gemeindammann auf den Platz komme und wer sonst noch dahin gehöre.

Der Matten-Joggi, der so hieß, weil er unten in der Matte wohnte, war ein völlig törichter Mensch, der damit ernährt wurde, daß ihn die Bauern in den geringen Geschäften etwa mithelfen ließen, wo Steine und Sand herumzutragen, Obst aufzulesen, oder im Winter Holzbündelchen zu machen waren. Daß er boshafte Taten ausgeübt hätte, hatte man bis jetzt nicht gehört. Der Müllerssohn hatte ihm gesagt, er solle da bleiben, bis auch der Präsident noch da sein werde. So stand Joggi noch immer in einer Ecke, hielt seine Faust fest zugeklemmt und lachte halblaut. Jetzt trat der Doktor in die Stube und hinter ihm her auch noch der Präsident. Der Gemeindevorstand stellte sich nun mitten in die Stube und beratschlagte. Der Doktor ging direkt in die Kammer hinein und der Oberst folgte ihm nach. Der Doktor untersuchte genau den unbeweglichen Körper.

„Da haben wir's", rief er auf einmal aus, „hier auf den Hinterkopf ist Andres geschlagen worden, da ist eine große Wunde."

„Aber er ist doch nicht tot, Doktor, was sagst du?"

„Nein, nein, er atmet ganz leise, aber er ist bös dran."

Nun wollte der Doktor allerlei haben, Wasser und Schwämme und Weißzeug und noch vieles, und die Leute draußen liefen alle durcheinander und suchten und rissen alles von der Wand und aus dem Küchenkasten und brachten Haufen von Sachen in die Kammer hinein, aber nichts von dem, was der Doktor brauchte.

„Da muß eine Frau her, die Verstand hat und weiß, was ein Kranker ist", rief der Doktor ungeduldig. Alle schrieen durcheinander; aber wenn einer eine wußte, so rief ein anderer: „Die kann nicht kommen."

„Lauf einer auf die Halde", befahl der Oberst, „meine Frau soll mir die Trine herunterschicken!" Es lief einer davon. „Deine Frau wird dir aber nicht danken", sagte der Doktor, „denn ich lasse die Pflegerin drei bis vier Tage und Nächte nicht von dem Bett weg."

„Sei nur unbesorgt", entgegnete der Oberst, „für den Andres gäbe meine Frau alles her, nicht nur die alte Trine."

73

Keuchend und beladen kam die Trine an, viel schneller, als man hätte hoffen können, denn sie stand schon lange ganz parat mit einem großen Korb am Arm, und die Frau Oberst stand neben ihr und lauschte, ob einer gelaufen komme. Sie hatte nicht annehmen können, daß der Andres wirklich tot sei, und hatte alles ausgedacht, was man brauchen könnte, um ihm wieder aufzuhelfen. So hatte sie Schwamm und Verbandzeug, Wein und Öl und warme Flanelle in einen Korb gepackt, und Trine hatte nur zu rennen, wie der Bote kam. Der Doktor war sehr zufrieden.

„Alles fort jetzt, gute Nacht, Oberst, und mach, daß die ganze Bande zum Haus hinauskommt!" rief er und schloß die Tür zu, nachdem der Oberst hinausgetreten war. Der Gemeinderat war noch am Beratschlagen; da aber der Oberst erklärte, nun müsse gleich alles zum Haus hinaus, so faßten die Männer den Beschluß, für einmal müsse der Joggi eingesperrt werden, dann wollte man weiter schreiten. Es mußten also zwei Männer den Joggi in die Mitte nehmen, daß er nicht fortlaufen könne, und ihn so nach dem Armenhaus bringen und in eine Kammer einsperren. Der Joggi ging aber ganz willig davon und lachte, und von Zeit zu Zeit guckte er vergnügt in seine Faust hinein.

Gleich am anderen Morgen eilte die Frau Oberst in voller Sorge nach dem Häuschen des Andres hinunter. Trine kam leise aus der Kammer heraus und brachte die frohe Nachricht: Andres sei gegen Morgen schon ein wenig zum Bewußtsein gekommen. Schon sei auch der Doktor dagewesen und habe den Kranken über Erwarten gut getroffen; ihr aber habe er recht eingeschärft, daß sie keinen Menschen in die Kammer hineinlasse, Andres dürfe auch noch kein Wort reden, wenn er auch wollte, nicht; nur der Doktor und die Wärterin sollen vor seine Augen kommen, erklärte die Trine in großem Amtseifer. Damit war die Frau Oberst ganz einverstanden und höchst erfreut kehrte sie mit ihren Nachrichten nach Hause zurück.

So vergingen acht Tage. Jeden Morgen ging die Oberstin nach dem Hause des Kranken, um genau Bericht zu bekommen und zu hören, ob etwas mangele, das dann schnell herbeigeschafft werden mußte. Otto und Miezchen mußten jeden Tag aufs neue besänftigt werden, daß sie ihren kranken Freund noch nicht besuchen durften, aber da war immer noch keine Erlaubnis vom Doktor. Die Trine war noch durchaus unentbehrlich, wurde auch täglich vom Doktor gelobt für ihre sorgfältige Pflege. Nach Verfluß der acht Tage schlug der Doktor seinem Freunde, dem Oberst, vor, nun einmal den Kranken zu besuchen, zu der Zeit, da er selbst dort sein würde, denn jetzt war der Augenblick gekommen, da Andres wieder reden durfte, und der Doktor wollte ihn in Gegenwart des Obersten darüber befragen, was er selbst von dem unglücklichen Vorfall wisse. Andres hatte große Freude, dem Herrn Oberst die Hand drücken zu dürfen, er hatte ja schon lange bemerkt, woher ihm alles Gute und alle Sorgfalt für sein Wiederaufkommen kam. Dann besann er sich, so gut er konnte, um die Fragen der beiden Herren zu beantworten. Er wußte aber nur folgendes zu sagen: Er hatte seine Summe beisammen, die er jährlich dem Herrn Oberst zur Verwahrung brachte; diese wollte er noch einmal überzählen, um seiner Sache sicher zu sein. Er hatte am späten Abend sich hingesetzt, den Rücken gegen die Fenster und die Tür gekehrt. Mitten im Zählen hörte er jemand hereinkommen; eh' er aber aufgeschaut hatte, fiel ein furchtbarer Schlag auf seinen Kopf; von da an wußte er nichts mehr. – Also hatte Andres eine Summe Geldes auf dem Tisch gehabt; davon war aber gar nichts mehr gesehen worden, als das einzige Stück in Joggis Hand. Wo könnte denn das andere Geld hingekommen sein, wenn wirklich Joggi der Übeltäter war? Als Andres vernahm, wie der Joggi gefunden worden und nun eingesperrt sei, wurde er ganz unruhig.

„Sie sollen ihn doch gehen lassen, den armen Joggi", sagte er; „der tut ja keinem Kinde etwas zuleide, der hat mich nicht geschlagen."

Andres hatte aber auch auf keinen anderen Menschen den leisesten Verdacht. Er habe keine Feinde, sagte er, und kenne keinen Menschen, der ihm so etwas hätte antun wollen.

„Es kann auch ein Fremder gewesen sein", bemerkte der Doktor, indem er die niedrigen Fenster ansah; „wenn Ihr da beim hellen Licht einen Haufen Geld auf dem Tische liegen habt und zählt, so kann das von außen jeder sehen und Lust zum Teilen bekommen."

„Es muß sein", sagte der Andres gelassen, „ich habe nie an so etwas gedacht, es war immer alles offen."

„Es ist gut, daß Ihr noch etwas im Trocknen habt, Andres", bemerkte der Oberst. „Laßt's Euch nicht zu Herzen gehen; das beste ist, daß Ihr wieder gesund werdet." „Gewiß, Herr Oberst", erwiderte Andres, ihm die Hand schüttelnd, die er zum Abschied hinhielt, „ich habe nur zu danken; der liebe Gott hat mir ja sonst schon viel mehr gegeben als ich brauche."

Die Herren verließen den friedlichen Andres, und vor der Tür sagte der Doktor: „Dem ist wohler als dem anderen, der ihn zusammenschlagen wollte."

Vom Joggi wurde eine traurige Geschichte umhergeboten, die alle Buben in der Schule beschäftigte und in große Teilnahme versetzte. Auch Otto brachte sie nach Hause und mußte sie jeden Tag ein paarmal wiederholen, denn jedesmal, wenn er daran dachte, machte sie ihm aufs neue einen großen Eindruck. Als man den Joggi an dem Abend lachend ins Armenhaus gebracht hatte, da war er aufgefordert worden, sein Goldstück abzugeben an einen seiner Führer, den Sohn des Friedensrichters. Joggi aber klemmte seine Faust noch besser zusammen und wollte nichts hergeben. Aber die beiden waren stärker als er; sie rissen ihm mit Gewalt die Faust auf, und der Friedensrichterssohn, der manchen Kratz von dem Joggi erhalten hatte während der Arbeit, sagte, als er das Goldstück endlich in Händen hatte: „So, jetzt wart nur, Joggi, du wirst schon deinen Lohn bekommen. Wart nur, bis sie kommen; sie werden dir's dann schon zeigen."

Da hatte der Joggi angefangen furchtbar zu schreien und zu jammern, denn er glaubte, er werde geköpft, und seither aß er nicht und trank nicht und stöhnte und jammerte fortwährend, denn die Furcht und Angst vor dem Köpfen verfolgte ihn beständig. Schon zweimal war der Präsident und der Gemeindammann bei ihm gewesen und hatten ihm gesagt, er solle nur alles sagen, was er getan habe, er werde nicht geköpft. Er wußte nichts zu sagen, als er habe beim Andres ins Fenster geschaut, und der sei am Boden gelegen; er sei zu ihm hineingegangen und habe ihn ein wenig gestoßen, da sei er tot gewesen. Da habe er etwas glänzen sehen in einer Ecke und habe es geholt, und dann sei der Müllerssohn gekommen und dann noch viele. Hatte der Joggi so viel gesagt, so fing er wieder zu stöhnen an und hörte nicht mehr auf.

77

Wie es dem Kranken und jemandem besser ging.

Seit dem Tage, da der Oberst den Andres besucht hatte, blieb seine Frau auch nicht mehr draußen in der Stube, wenn sie kam, um nach dem Kranken zu sehen. Täglich ging sie nun zu ihm hinein, setzte sich eine Weile lang an sein Bett hin zu einer gemütlichen kleinen Unterhaltung und freute sich jedesmal über die Fortschritte der Genesung. Zweimal schon waren auch Otto und Miezchen dagewesen und hatten ihrem Freunde allerlei Stärkungen zugetragen, und Andres sagte ganz gerührt zu der Trine: wenn selbst ein König krank wäre, man könnte ihm nicht mehr Teilnahme zeigen. Der Doktor war sehr zufrieden mit dem Verlaufe der Sache, und als er eben einmal beim Herauskommen auf den hereintretenden Oberst traf, sagte er zu ihm: „Es geht vortrefflich. Deine Frau kann nun ihre Trine wieder heimnehmen, die hat gute Dienste geleistet. Nur sollte für eine kleine Zeit noch jemand da sein, oder etwa herkommen; der arme verlassene Kerl muß doch essen und hat keine Frau und kein Kind und gar nichts. Vielleicht weiß deine Frau Rat."

Der Oberst richtete seinen Auftrag aus, und am folgenden Morgen setzte seine Frau bei ihrem Besuch sich zurecht am Bette des Andres und sagte:

„Jetzt muß ich etwas mit Euch reden, Andres; ist es Euch recht?"

„Gewiß, gewiß, mehr als recht", erwiderte er und stützte seinen Kopf auf den Ellbogen, um recht zuhören zu können.

„Ich will nun die Trine wieder heimkommen lassen, weil es so ordentlich geht", fing die Oberstin an.

„Ach, Frau Oberst, glauben Sie mir", fiel der Andres ein, „ich wollte sie jeden Tag heimschicken; ich weiß ja wohl, wie sie Ihnen mangeln mußte."

„Ich hätte sie nicht hereingelassen, wenn sie Euch gefolgt hätte", fuhr die Frau Oberst fort; „aber jetzt ist es anders, da der Doktor sie entläßt. Er sagte aber, was ich auch längst dachte, jemand solltet Ihr haben, wenigstens noch für ein paar Wochen, der Euch das Essen bereitet oder doch bei mir holt, und für allerlei kleine Hilfsleistungen. Ich habe nun gedacht, Andres, wenn Ihr für diese Zeit das Wiseli zu Euch nehmen würdet."

Kaum hatte der Andres den Namen aussprechen gehört, als er von seinem Ellbogen auf und in die Höhe schoß.

„Nein, nein, Frau Oberst, nein, sicher nicht", rief er und wurde ganz rot vor Anstrengung; „so etwas können Sie nicht denken. Ich sollte hier drinnen im Bett liegen, und draußen in der Küche sollte das schwache Kindlein für mich arbeiten! Ach um's Himmels willen, wie dürfte ich noch an seine Mutter unter dem Boden denken, wie würde sie mich ansehen, wenn sie so etwas wüßte. Nein, nein, Frau Oberst, meiner Lebtag nicht, lieber nicht essen, lieber nicht mehr aufkommen, als so etwas tun."

Die Oberstin hatte ihn ganz ruhig fertig reden lassen; jetzt, da er sich auf sein Kissen zurücklegte, sagte sie beruhigend:

„Es ist nicht so schlimm, was ich ausgedacht habe, Andres; denkt jetzt nur ruhig ein wenig nach. Ihr wißt ja, wo das Wiseli versorgt ist. Meint Ihr, es habe dort nichts zu tun, oder nur besonders leichte Arbeit? Recht tüchtig muß es dran und

79

bekommt so wenig freundliche Worte dazu. Würdet Ihr ihm etwa auch keine geben? Wißt Ihr, was Wiselis Mutter tun würde, wenn sie jetzt neben uns stände? Mit Tränen würde sie Euch danken, würdet Ihr das Kind jetzt in Euer Haus nehmen, wo es gute Tage hätte, das weiß ich schon, und Ihr solltet sehen, wie gern es die kleinen Dienstleistungen für Euch täte."

Jetzt mußte dem Andres auf einmal alles anders vorkommen. Er wischte sich die Augen; dann sagte er kleinlaut:

„Ach, ach! Wie könnte ich aber zu dem Kinde kommen? Sie geben es gewiß nicht weg, und dann müßte man ja doch auch wissen, ob es wollte."

„Es ist jetzt schon gut, kümmert Euch nicht weiter, Andres", sagte die Frau Oberst fröhlich und stand von ihrem Sessel auf; „ich will nun selbst sehen, wie's geht, denn mir liegt die Sache nach allen Seiten hin am Herzen." Damit nahm sie Abschied von Andres; als sie aber schon unter der Tür war, rief er ihr noch einmal ängstlich nach:

„Aber nur, wenn es will, das Wiseli, nur, wenn es will; bitte, Frau Oberst!"

Sie versprach noch einmal, das Kind sollte nur freiwillig erscheinen, oder dann gar nicht, und verließ das Haus. Sie ging aber nicht den Berg hinan, sondern hinunter, dem Buchenrain zu, denn sie wollte sogleich versuchen, das Wiseli dahin zu bringen, wo sie es so gern haben wollte.

Am Buchenrain angekommen, traf die Frau Oberst gerade mit dem Vetter-Götti zusammen, wie er ins Haus hineintreten wollte. Er begrüßte sie, ein wenig erstaunt über den Besuch, und sie teilte ihm gleich beim Eintreten in die Stube mit, warum sie gekommen sei, und wie sehr sie hoffe, keinen Abschlag zu bekommen, denn es liege ihr viel daran, daß das Wiseli die Pflege zu Ende führen könne, was es schon zu tun imstande sei. Da die Base in der Küche die Unterhaltung hörte, kam sie auch herein und war noch erstaunter als ihr Mann, den Besuch vorzufinden. Er erklärte ihr, warum die Frau Oberst gekommen sei, und sie meinte gleich, das sei schon nichts, von dem Kinde werde niemand eine besondere Hilfe erwarten. Da sagte aber der Mann: was recht sei, müsse man gelten lassen; das Wiseli könne helfen, wo es sei, es sei anstellig bei allen Geschäften; er würde das Kind nicht einmal gern fort lassen, es sei folgsam und gelehrig. So für vierzehn Tage wollte er nichts dawider haben, daß es den Andres ein wenig verpflege; bis dahin werde er wohl wieder auf sein, daß es heim könne, denn länger könnte es dann nicht fort sein, dann kommen schon so allerhand Geschäfte, die ihm zukommen, denn da müsse man schon für den Frühling rüsten.

„Ja, ja", setzte jetzt die Frau ein, „es kommt mir nicht in den Sinn, immer wieder von vorn mit ihm anzufangen; jetzt habe ich ihm alles mit Mühe gezeigt, das kann es nun anwenden; der Andres soll nur selber eins anziehen, wenn er eins braucht."

„Ja, wegen vierzehn Tagen", sagte der Mann beschwichtigend, „da wollen wir auch nichts sagen, man muß einander etwas zu Gefallen tun."

„Ich danke Euch für den Dienst", sagte nun die Frau Oberst, indem sie aufstand; „der Andres wird Euch gewiß auch recht dankbar sein. Kann ich das Wiseli gleich mit mir nehmen?"

Die Base murrte etwas, es werde nicht so stark pressieren; aber der Mann fand es am besten so. Je schneller es gehe, je früher sei es wieder da, meinte er; denn er stellte durchaus auf vierzehn Tage ab. Wiseli wurde herbeigerufen, und der Vetter-Götti sagte ihm, es solle schnell sein Bündelchen Kleider zusammenmachen, weiter nichts. Wiseli gehorchte sogleich; fragen durfte es nicht, warum. Seit es sein Bündelchen in das Haus gebracht hatte, war nun gerade ein Jahr verflossen; es war nichts Neues hinzugekommen, als sein schwarzes Röcklein, das hatte es an, es war aber nun fertig getragen und hing wie ein Fetzchen an dem Kinde herab, und Wiseli schaute ein wenig scheu die Frau Oberst an, als es nun mit seinem leichten Bündelchen dastand. Sie verstand den schüchternen Blick und sagte:

„Komm nur, Wiseli, wir gehen nicht weit, es geht schon so." Dann nahm sie schnell Abschied von den Leuten, und als Wiseli dem Vetter-Götti die Hand gab, sagte er:

„Du kommst bald wieder heim, es ist nicht zum Abschiednehmen."

Jetzt trippelte das Wiseli schweigend und sehr verwundert in seinem Herzen hinter der Frau Oberst her, die rasch über den beschneiten Feldweg hinschritt, so, als befürchtete sie, man könnte sie samt dem Wiseli wieder zurückholen. Als aber der Buchenrain gar nicht mehr zu sehen war, da kehrte sie sich um und stand still.

„Wiseli", sagte sie freundlich, „kennst du den Schreiner Andres?"

„Ja freilich", antwortete Wiseli, und ein Lichtstrahl schoß aus des Kindes Augen, als es den Namen hörte. Die Frau Oberst war ein wenig erstaunt.

„Er ist krank", fuhr sie fort; „willst du ihn ein wenig verpflegen und für ihn tun, was nötig ist, und etwa vierzehn Tage bei ihm bleiben?"

Mehr als Wiselis schnelle und kurze Antwort: „Ja, gern!" sagte der Frau Oberst sein Gesicht, das ganz von einer hohen Freudenröte übergossen wurde. Die Oberstin sah das gern; doch mußte sie sich verwundern, daß Wiseli eine so besondere Freude zeigte, denn sie wußte nichts von seinem Erlebnis mit dem Andres, aber das Wiseli hatte es nie vergessen. Sie gingen nun wieder weiter. Aber nach einer Weile fügte die Frau Oberst noch bei:

„Du mußt es dann dem Schreiner Andres sagen, daß du so gern zu ihm gekommen bist, Wiseli, er glaubt es sonst nicht; vergiß es nicht."

„Nein, nein", versicherte das Kind, „ich denke schon daran." Nun waren sie bei dem Hause angekommen. Hier fand die Frau Oberst für gut, das Wiseli seinen Weg allein machen zu lassen; denn nach allem, was sie bemerkt hatte, mußte es ihm nicht schwer werden, ihn zu finden. Sie verabschiedete das Kind an der Ecke und sagte ihm, am Morgen werde sie wieder herunterkommen und sehen, wie es ihm gehe in dem neuen Haushalt, und wenn der Schreiner Andres etwas brauche, das nicht da sei, so solle es zu ihr kommen. Wiseli schritt nun getrost durch das Gärtchen und machte die Haustür auf; es wußte, daß der Andres drinnen in der Kammer liege hinter der Stube. So trat es leise in die Stube ein; da war niemand drin, aber es war schön aufgeräumt noch von der alten Trine her. Es schaute alles gut an, wie es sein müsse. An der Wand hinten in der Stube stand schön geordnet und zu einem rechten Bett aufgerüstet das große hölzerne Lager, das man die Kutsche nennt; der Vorhang war fast zugezogen darüber weg, aber Wiseli konnte doch sehen, wie schön und sauber es aussah, und es wunderte sich, wer da schlafe. Jetzt klopfte es leise an die Kammertür, und auf den Ruf des Andres trat es ein und blieb ein wenig scheu an der Tür stehen. Andres richtete sich auf in seinem Bett, zu sehen, wer da sei.

„Ach, ach", sagte er, halb erfreut und halb erschrocken, „bist du es, Wiseli? Komm, gib mir die Hand." Wiseli gehorchte.

„Bist du auch nicht ungern zu mir gekommen?"

„Nein, nein", antwortete Wiseli zuversichtlich. Aber der Schreiner Andres war noch nicht beruhigt.

„Ich meine nur, Wiseli", fuhr er wieder fort, „du wärest vielleicht lieber nicht gekommen; aber die Frau Oberst ist so gut, und du hast ihr vielleicht einen Gefallen tun wollen."

„Nein, nein", versicherte Wiseli noch einmal, „sie hat gar nicht gesagt, daß es ihr ein Gefallen sei; sie hat mich gefragt, ob ich gehen wolle, und ich wäre auf der ganzen Welt nirgends so gern hingegangen, wie zu Euch."

Diese Worte mußten den Andres ganz beruhigt haben; er fragte nichts mehr, er legte seinen Kopf auf sein Kissen zurück und schaute stumm das Wiseli an; dann mußte er sich auf einmal umkehren und ein Mal über das andere seine Augen wischen.

„Was muß ich jetzt tun?" fragte Wiseli, als er sich immer noch nicht umkehrte. Jetzt wandte er sich und sagte mit dem freundlichsten Tone:

„Ich weiß es gewiß nicht, Wiseli; tu du nur, was du willst, wenn du nur ein wenig bei mir bleiben willst."

Wiseli wußte gar nicht, wie ihm geschah. Seit es seine Mutter zum letzten Male gehört, hatte niemand mehr so zu ihm geredet; es war gerade, als spüre es die Liebe seiner Mutter wieder in Andres' Worten und Weise. Es mußte mit beiden Händen seine Hand nehmen, so wie es oft die Mutter gefaßt hatte, und so stand es eine Weile an dem Bett, und es war ihm so wohl, daß es gar nichts sagen konnte, aber es dachte: „Jetzt weiß es die Mutter auch und hat eine Freude."

Gerade so dachte der Andres mit stillem Glück in seinem Herzen: „Jetzt weiß es die Mutter auch und hat eine Freude."

Dann sagte auf einmal das Wiseli:

„Jetzt muß ich Euch gewiß etwas kochen, es ist schon über Mittag. Was muß ich kochen?"

„Koch du nur, was du willst", sagte der Andres. Aber dem Wiseli war es darum zu tun, dem Kranken die Sache recht zu machen, und es fragte so lange hin und her, bis es gemerkt hatte, was er essen müsse: eine gute Suppe und ein Stück von dem Fleisch, das im Kasten war, und dann bestand er darauf, das Wiseli müsse noch einen Milchbrei für sich kochen. Es wußte recht gut Bescheid in der Küche, denn es hatte wirklich etwas gelernt bei der Base, wenn auch unter harten Worten; das konnte es doch nun gut gebrauchen. So hatte es in kurzer Zeit alles bereit gemacht, und der Kranke wünschte, daß es ein Tischchen an sein Bett rücke und neben ihm sitze zum Essen, daß er es auch sehen könne und wisse, daß es noch da sei. Ein so vergnügtes Mittagsmahl hatte Wiseli lange nicht genossen, und auch der Schreiner Andres nicht. Als sie damit zu Ende waren, stand das Kind auf; aber Andres sah das nicht gern und sagte:

„Wohin willst du, Wiseli? Willst du nicht noch ein wenig dableiben, oder wird es dir ein bißchen langweilig bei mir?"

„Nein, gewiß nicht", versicherte Wiseli; „aber nach dem Essen muß man immer aufwaschen und alles wieder sauber auf das Gestell hinaufräumen."

„Ich weiß schon, wie man's macht", gestand Andres; „ich habe gedacht, heute nur, so zum ersten Male, könntest du ja nur alles zusammenstellen und dann etwa morgen einmal aufwaschen."

„Wenn aber die Frau Oberst das sähe, so müßte ich mich fast zu Tode schämen", und Wiseli machte ein ganz ernsthaftes Gesicht zu seiner Versicherung.

„Ja ja, du hast recht", beschwichtigte nun Andres. „Mach nur alles, wie du meinst, und geradeso, wie es dir recht ist." Nun ging das Wiseli an seine Arbeit und putzte und räumte und ordnete, daß alles glänzte in seiner Küche. Dann stand es einen Augenblick still und schaute ringsum und sagte ganz befriedigt: „So, nun kann die Frau Oberst kommen." Dann kam es wieder in die Stube hinein und warf einen fröhlichen Blick auf das schöne, große Bett auf der Kutsche hinter dem Vorhang, denn der Schreiner Andres hatte ihm gesagt, da müsse es schlafen, und der kleine Kasten in der Ecke gehöre auch ihm, da könne es alles hineinräumen, was ihm angehöre. Es legte nun die Sachen aus seinem Bündelchen alle ordentlich hinein, das war auch sehr bald getan, denn es war wenig darin, und nun ging es und setzte sich voller Freuden wieder an das Bett des Kranken, der schon lange nach der Tür geschaut hatte, ob es noch nicht komme. Kaum war es wieder an dem Bett, so fragte es: „Habt Ihr auch einen Strumpf, an dem ich stricken kann?"

„Nein, nein", antwortete Andres, „du hast ja jetzt gearbeitet, und wir wollen nun ein wenig vergnügt zusammen reden über allerlei."

Aber Wiseli war gut geschult worden; zuerst in unvergeßlicher Freundlichkeit von der Mutter, und dann von der Base mit Worten, die auch nicht vergessen wurden, vor lauter Furcht, sie wieder zu hören. Es sagte ganz überzeugt:

„Ich darf nicht nur so dasitzen, weil es doch nicht Sonntag ist, aber ich kann reden und an dem Strumpf stricken miteinander."

Das gefiel dem Andres nun auch wieder, und er ermunterte das Wiseli von neuem, nur immer zu tun, was es meine, und einen Strumpf könne es auch holen, wenn es wolle, er habe aber keinen. Nun holte Wiseli den seinigen und setzte sich damit wieder an das Bett hin, und es hatte recht gehabt, es konnte gut reden und stricken miteinander. Der Schreiner Andres hatte aber auch gleich ein Gespräch angefangen, das dem Wiseli das allerwillkommenste war. Er hatte gleich von der Mutter zu reden begonnen, und Wiseli hatte so gern fortgefahren, denn noch nie und mit keinem Menschen hatte es von seiner Mutter reden können, und es dachte doch immer an sie und alles, was es mit ihr erlebt hatte, und nun wollte der Schreiner Andres so gern von allem wissen, immer noch mehr, und das Wiseli wurde immer wärmer und erzählte fort und fort, als könne es nicht mehr aufhören, und so hörte der Andres zu mit gespannter Aufmerksamkeit, und gerade so, als wolle er am liebsten nicht mehr aufhören zuzuhören.

In dieser Weise verging nun dem Wiseli ein Tag nach dem anderen. Für jeden geringsten Dienst, den es leistete, dankte ihm der Andres, als ob es ihm die größte Wohltat erwiesen hätte, und was es nur tat, gefiel dem guten Mann, und er mußte es loben dafür. Er wurde in wenig Tagen so frisch und munter bei der Pflege, daß er durchaus aufstehen wollte, und der Doktor war ganz erstaunt, wie gut es mit ihm ging und wie fröhlich und wohlgemut auf einmal der Schreiner Andres aussah. Er saß nun den ganzen Tag am Fenster, wo die Sonne hinkam, und schaute dem Wiseli nach auf Schritt und Tritt, so als ob er es gar nie genug sehen könnte, wie es einen Kasten aufmachte und dann wieder zu, und wie ihm unter den Händen alles so sauber und ordentlich wurde, wie er es vorher nie gesehen hatte, oder doch meinte, es nie gesehen zu haben. Dem Wiseli aber war es so wohl in dem stillen Häuschen, da es nur liebevolle Worte hörte, und unter den freundlichen Augen, die es immerfort begleiteten, daß es gar nicht daran denken durfte, wie bald die vierzehn Tage zu Ende sein würden und es wieder nach dem Buchenrain zurückkehren mußte.

Es geschieht etwas Unerwartetes.

In dem Hause auf der Halde wurde viel vom Schreiner Andres und dem Wiseli gesprochen. Jeden Morgen ging die Frau Oberst nachzusehen, wie es bei dem Kranken stehe, und jedesmal brachte sie wieder einen erfreulicheren Bericht nach Hause. Das brachte alle zusammen in die freudigste Stimmung, und Otto und Miezchen machten einen Plan, wie ein großes Genesungsfest müßte gefeiert werden in des Schreiners Andres Stube, aber noch solange Wiseli da war; das sollte eine Hauptfreude und für Andres und Wiseli eine große Überraschung werden. Es mußte aber noch ein Fest gefeiert werden vorher, denn heute war des Vaters Geburtstag, und schon am frühen Morgen hatten allerlei von Otto und Miezchen erfundene Feierlichkeiten stattgefunden, doch der Hauptmoment des Tages war jetzt gekommen, da es zur Mittagstafel ging. Ganz feierlich hatten Otto und Miezchen sich schon hingesetzt in großer Erwartung aller der Dinge, die da kommen sollten. Nun erschienen auch Vater und Mutter, und das frohe Mahl nahm seinen Anfang. Nachdem das erste Gericht vergnüglich verzehrt worden war, erschien eine zugedeckte Schüssel; das war entschieden das Geburtstagsgericht. Der Deckel wurde aufgehoben, und ein prächtiger Blumenkohl stand da, so frisch, als hätte man ihn eben im Garten geholt.

„Das ist ja eine prächtige Blume", sagte der Vater, „die muß man loben. Aber eigentlich", fuhr er etwas enttäuscht fort, „suchte ich etwas anderes unter dem Deckel, Artischocken suchte ich; kann man die nicht auch finden irgendwo, wie Blumenkohl? Du weißt, liebe Marie, ich schaue an gedeckten Tischen nach keinem anderen Gerichte so aus, wie nach Artischocken."

Mit einem Male schrie das Miezchen auf:

„Eben! Eben! Geradeso hat er mir gerufen zweimal, furchtbar, und _so_ hat er den Stecken aufgehoben und _so_" – und Miezchen fuhr ganz aufgeregt mit ihren Armen in der Luft herum –, aber urplötzlich schwieg sie und fuhr schnell herunter mit ihren Armen bis unter den Tisch und war ganz blutrot geworden, und ihr gegenüber saß Otto mit zornigen Augen und schoß flammende Blicke zu Miezchen hinüber.

„Was ist das für eine seltsame Verherrlichung meines Geburtstages?" fragte der Vater mit Staunen. „Über den Tisch hin schreit meine Tochter, als wollte man sie umbringen, und unter dem Tisch durch versetzt mir mein Sohn so entsetzliche Stiefelstöße, daß ich blaue Flecken bekomme. Ich möchte wissen, Otto, wo du diese angenehme Unterhaltung gelernt hast."

Jetzt war die Reihe an Otto, feuerrot zu werden bis unter die Haare hinauf. Er hatte dem Miezchen unter dem Tisch durch einige deutliche Mahnungen geben wollen, daß es schweigen solle, hatte aber den unrechten Platz getroffen und mit seinem Stiefel des Vaters Bein in erstaunlicher Weise bearbeitet. Das hatte Otto nun entdeckt; er durfte nicht mehr aufschauen.

„Nun Miezchen", fing der Vater wieder an, „was ist denn aus deiner Räubergeschichte geworden, du kamst ja gar nicht zu Ende. Also 'Artischocke' hat der furchtbare Mann dich genannt und den Stecken erhoben und dann?"

„Dann, dann", stotterte Miezchen kleinlaut – denn es hatte begriffen, daß es auf einmal alles verraten hatte, und daß der

92

Otto den Zuckerhahn zurückfordern würde –, „dann hat er mich doch nicht totgeschlagen."

„So, das war eine Artigkeit von ihm", lachte der Vater, „und dann weiter?"

„Dann weiter gar nichts mehr", wimmerte Miezchen.

„So, so, die Geschichte nimmt also ein fröhliches Ende. Der Stecken bleibt in der Luft, und Miezchen geht als kleine Artischocke nach Hause. Jetzt wollen wir gleich anstoßen auf alle wohlgeratenen Artischocken und auf des Schreiners Andres Gesundheit!"

Damit hob der Vater sein Glas, und die Tischgesellschaft stimmte ein. Es standen aber alle ein wenig still vom Tisch auf, denn in jedem waren allerlei schwere Gedanken aufgestiegen, nur der Vater blieb unangefochten, setzte sich zu seiner Zeitung und steckte eine Zigarre an. Otto schlich ins andere Zimmer hinüber, drückte sich in eine Ecke und dachte darüber nach, wie es sein werde, wenn alle anderen wieder im Mondschein schlitten würden und er nie mehr dabei sein dürfte, denn er wußte, daß die Mutter dies von nun an verbieten würde. Miezchen kroch ins Schlafzimmer hinein, kauerte sich neben dem Bett auf das Schemelchen nieder, nahm den roten Zuckerhahn auf den Schoß und war sehr traurig, daß es ihn zum letzten Male sehen sollte. Die Mutter blieb eine Zeitlang stumm und sinnend am Fenster stehen und bewegte Gedanken in ihrem Herzen hin und her, die sie immer mehr und aufregender beschäftigen mußten, denn jetzt fing sie an, im Zimmer hin und her zu gehen, und plötzlich verließ sie es und lief hierhin und dahin, nach dem Miezchen suchend. Sie fand es endlich noch hinter seinem Bett auf dem Schemel sitzend, in seine traurigen Betrachtungen versunken.

„Miezchen", sagte die Mutter, „jetzt erzähl mir recht, wo und wann ein Mann dir drohte, und was er dir nachgerufen hat."

Miezchen erzählte, was es wußte, es kam aber nicht viel mehr heraus, als es schon gesagt hatte. Nachgerufen hatte ihm der Mann das Wort, das der Papa über Tisch gesagt hatte, behauptete es. Die Mutter kehrte in das Zimmer zurück, wo der Vater saß, ging gleich zu ihm heran und sagte in erregtem Ton:

„Ich muß es dir wirklich sagen, es kommt mir immer wahrscheinlicher vor."

Der Oberst legte seine Zeitung weg und schaute erstaunt seine Frau an.

„Siehst du", fuhr diese fort, „die Szene am Tisch hat mir mit einem Male einen Gedanken erweckt, und je mehr ich ihn verfolge, je fester gestaltet er sich vor meinen Augen."

„Setz dich doch und teil mir ihn mit", sagte der Oberst, ganz neugierig geworden. Seine Frau setzte sich neben ihn hin und fuhr fort: „Du hast Miezchens Aufregung gesehen, sie war sichtlich erschreckt worden von dem Mann, von dem sie sprach, es war nicht Spaß gewesen: darum ist es klar, daß er das Kind nicht 'Artischocke' genannt hat. Wird er es nicht viel eher 'Aristokratin' oder 'Aristokratenbrut' genannt haben? Du weißt, wer uns vorzeiten diesen Titel nachrief, meinem Bruder und mir. Diesen Augenblick habe ich von Miezchen gehört, daß der Vorfall sich an dem Abend ereignet hatte, da die Kinder im Mondschein auf der Schlittbahn waren. An demselben Abend noch wurde Andres halb erschlagen gefunden. Seit Jahren war der unheimliche Jörg verschwunden, und im ersten Augenblick, da man wieder Spuren von ihm hat, geschieht die Gewalttätigkeit an seinem Bruder, dem kein anderer je etwas zuleide getan hat, als er. Macht dir das nicht auch Gedanken?"

„Wahrhaftig, da könnte was dran sein", entgegnete der Oberst nachdenklich; „da muß ich sofort handeln."

Er stand auf, rief nach seinem Knecht, und wenige Minuten nachher fuhr er im scharfen Trab zur Stadt hinunter. Von da an fuhr der Oberst jeden Tag einmal nach der Stadt, um zu hören, ob Berichte eingegangen seien. Am vierten Tage, als er nach Hause kam am Abend und seine Frau noch an Miezchens Bett verweilte, ließ er sie schnell rufen, denn er hatte ihr Wichtiges zu erzählen. Sie setzten sich dann zusammen, und der Oberst teilte seiner Frau mit, was er in der Stadt vernommen hatte. Auf seine Aussagen hin hatte die Polizei sogleich heimlich nach dem Jörg gesucht, und er war ohne große Mühe gefunden worden, denn er war ganz sicher, daß kein Mensch ihn gesehen hatte, da er nur des Nachts in sein Dorf gekommen und gleich wieder verschwunden war. So war er zunächst nur nach der Stadt hinuntergegangen und hatte sich in den Wirtshäusern herumgetrieben. Als er nun festgenommen und verhört wurde, leugnete er zuerst alles; als er aber hörte, der Oberst Ritter habe schlagende Beweise gegen ihn vorzubringen, da entfiel ihm der Mut, denn er dachte, der Herr Oberst müsse ihn gesehen haben, sonst wäre es unmöglich, daß er gerade auf ihn geraten hätte, da er frisch aus neapolitanischen Kriegsdiensten zurückgekommen war. Daß ein einziges Wort, das er einem kleinen Kinde angeworfen hatte, ihn hatte verraten können, davon hatte er keine Ahnung. Er fing dann an, furchtbar auf den Obersten zu schimpfen, und sagte, er habe immer gedacht, diese Aristokratenbrut werde ihn noch ins Unglück bringen. Im weiteren Verhör gestand er dann, er habe seinen Bruder aufsuchen und Geld von ihm entlehnen wollen. Als er durch das erleuchtete Fenster ihn erblickte, wie er eben eine gute Summe Geld vor sich liegen hatte, da kam ihm der Gedanke, den Andres niederzuschlagen und das Geld zu nehmen. Töten habe er ihn nicht gewollt, nur ein wenig bewußtlos machen, damit er ihn nicht kenne. Der größte Teil der Summe wurde noch bei ihm gefunden; diese wurde ihm abgenommen und dann der Jörg in den Turm gesetzt.

Als dieser Vorgang bekannt wurde, gab es eine ungeheure Aufregung im ganzen Dorfe, denn eine solche Geschichte war noch gar nicht vorgefallen, seit es stand. Besonders in der Schule kam alles aus der Ordnung, so stark beteiligten sich alle Schüler an der aufregenden Begebenheit. Otto war einige Tage ganz außer Atem, da er beständig da- und dorthin zu laufen hatte, wo noch ein näherer Umstand von der Sache zu hören war. Am dritten Abend nach der Verbreitung der Nachricht kam er aber so nach Hause gestürzt, daß ihn die Mutter ermahnen mußte, erst einen Augenblick stillzusitzen, da er vor Atemlosigkeit kein Wort hervorbrachte und doch durchaus wieder eine Neuigkeit erzählen wollte. Endlich konnte er sie in Worte bringen. Man hatte den Joggi, der bis dahin eingesperrt geblieben war, herausholen wollen, aber der arme Tropf hatte immerfort seine große Furcht beibehalten, und nun glaubte er, man hole ihn zum Köpfen ab, und sperrte sich ganz furchtbar, die Kammer zu verlassen. Dann hatten zwei Männer ihn mit aller Gewalt herausgeschleppt, er hatte aber so geschrieen und getan, daß alle Leute herbeiliefen, und dann hatte er sich noch mehr gefürchtet, und auf einmal, nachdem er herausgekommen, war er davongeschossen wie ein Pfeil und in die nächste Scheune hinein in den hintersten Winkel des Stalles. Da hockte er ganz zusammengeballt mit einem furchtbar erschrockenen Gesicht, und kein Mensch konnte ihn von der Stelle bringen. Schon seit gestern hockte er so ohne Bewegung, und der Bauer hatte gesagt, wenn er nicht bald aufstehe, wolle er ihn mit der Heugabel fortbringen.

„Das ist ja eine ganz traurige Geschichte, Kinder", sagte die Mutter, als Otto fertig erzählt hatte. „Der arme Joggi! Was muß er nun leiden in seiner Angst, die ihm niemand wegnehmen kann, da er nicht versteht, was man ihm erklären könnte, und der arme, gutmütige Joggi ist ja ganz unschuldig. Ach, Kinder, hättet ihr mir doch gleich das ganze Erlebnis erzählt, als ihr am Abend von der Schlittbahn kamt; euer Verheimlichen hat recht Trauriges zur Folge gehabt. Könnten wir doch den armen Menschen trösten und wieder fröhlich machen." Das Miezchen war ganz weich geworden. „Ich will ihm den roten Zuckerhahn geben", schluchzte es.

Auch Otto war ein wenig zerknirscht. Er sagte zwar etwas verächtlich: „Ja noch gar, einen Zuckerhahn einem erwachsenen Menschen geben! Behalt du den nur für dich." Aber dann bat er die Mutter, ihm und Miezchen zu erlauben, dem Joggi etwas zu essen in den Stall zu bringen, er hatte gar nichts gehabt, seit er dort kauerte, zwei ganze Tage lang.

Das erlaubte die Mutter gern, und es wurde sogleich ein Korb geholt und Wurst und Brot und Käse hineingesteckt. Dann gingen die Kinder den Berg hinunter, dem Stalle zu.

Mit einem ganz weißen, erschreckten Gesicht kauerte der Joggi hinten im Winkel und rührte sich nicht. Die Kinder kamen ein wenig näher. Otto zeigte dem Zusammengekrümmten den offenen Korb und sagte:

„Komm hervor, Joggi, komm, das ist alles für dich zum essen."

Joggi bewegte sich nicht.

„Komm doch, Joggi", mahnte Otto weiter, „siehst du, sonst kommt der Bauer und sticht dich mit der Heugabel hervor."

Joggi stieß einen erschreckten Ton aus und krümmte sich noch enger zusammen in den Winkel hinein, wie in ein Loch.

Jetzt ging Miezchen vorwärts und kam ganz nahe an den Joggi heran, hielt den Mund an sein Ohr und flüsterte hinein: „Komm du nur mit mir, Joggi, sie dürfen dich nicht köpfen, der Papa hilft dir schon, und siehst du, das Christkindlein hat dir einen roten Zuckerhahn gebracht"; und Miezchen nahm ganz heimlich den Zuckerhahn aus seiner Tasche und steckte ihn dem Joggi zu.

Diese heimlichen Trostesworte hatten eine wunderbar wirksame Kraft. Der Joggi schaute das Miezchen an, ganz ohne Schrecken, dann schaute er auf seinen roten Zuckerhahn, und dann fing er an zu lachen, was er seit vielen Tagen nicht mehr getan hatte. Dann stand er auf, und nun ging Otto voran aus dem Stall heraus, dann kam das Miezchen und ihm folgte der Joggi auf dem Fuß. Draußen aber, als Otto dem Joggi sagte: „Das kannst du mitnehmen, wir gehen nun heim und du auch, dort hinunter", – da schüttelte Joggi den Kopf und stellte sich hinter das Miezchen. So gingen alle drei weiter, der Halde zu, voran der Otto, dann Miezchen, dann der Joggi. Die Mutter sah den Zug herankommen, und ihr Herz wurde ganz erleichtert, als sie sah, wie der Joggi hinter dem Miezchen herschritt, den roten Zuckerhahn in der Hand hielt und immerfort vergnüglich lachte. So traten die drei ins Haus und in die Stube, und hier holte das Miezchen geschäftig einen Stuhl, nahm den Eßkorb zur Hand und winkte dem Joggi, daß er komme. Als er dann am Tische saß, legte es alles, was im Korb war, vor ihn hin und sagte beschützend: „Iß du jetzt nur, Joggi, und iß du nur alles auf und sei nun ganz fröhlich." Da lachte der Joggi und aß die beiden großen Würste und das ganze Brot und das ungeheure Stück Käse ganz fertig und dann noch die Krumen. Den roten Zuckerhahn hielt er die ganze Zeit über fest mit seiner linken Hand und schaute ihn an von Zeit zu Zeit und lachte unbeschreiblich vergnüglich, denn Wurst und Brot hatte er wohl auch schon bekommen, aber einen roten Zuckerhahn hatte ihm in seinem ganzen Leben noch nie jemand geschenkt. Endlich ging der Joggi die Halde hinunter. Voller Freuden schauten die Mutter, Otto und Miezchen ihm nach: er hielt seinen Zuckerhahn bald in der einen, bald in der anderen Hand, lachte immerzu und hatte seinen Schrecken gänzlich vergessen. –

Seit drei Tagen hatte die Frau Oberst den Schreiner Andres nicht besucht. Es hatte sich so vieles ereignet in diesen Tagen, daß sie gar nicht begriff, wie die Zeit dahingegangen war; doch konnte sie ja ruhig sein, sie wußte, daß der Andres gut verpflegt und besorgt und dazu auf dem besten Wege der Genesung war.

Ihr Mann hatte gleich am Morgen nach seiner Rückkehr aus der Stadt den Andres besucht, um ihm die Entdeckung und die Festnahme seines Bruders selbst mitzuteilen. Andres hatte ganz ruhig zugehört und dann gesagt: „Er hat es so haben wollen; es wäre doch besser gewesen, er hätte mich um ein wenig Geld gebeten, ich hätte ihm ja schon gegeben; aber er hat immer lieber geprügelt, als gute Worte gegeben."

Jetzt trat die Frau Oberst am sonnigen Wintermorgen aus ihrer Tür und stieg fröhlichen Herzens den Berg hinunter, denn sie beschäftigte sich in ihrem Innern mit einem Gedanken, der ihr wohlgefiel. Als sie die Haustür aufmachte beim Schreiner

Andres, kam Wiseli eben aus der Stube heraus. Seine Augen waren ganz aufgeschwollen und hochrot vom Weinen. Es gab der Frau Oberst nur flüchtig die Hand und schoß scheu in die Küche hinein, um sich zu verbergen. So hatte die Frau Oberst das Wiseli noch gar nie gesehen. Was konnte da begegnet sein? Sie trat in die Stube ein. Da saß am sonnigen Fenster der Andres und sah aus, als sei ein noch nie erlebtes Unheil über ihn hereingebrochen. „Was ist denn hier geschehen?" fragte die Frau Oberst und vergaß im Schrecken, „guten Tag" zu sagen.

„Ach, Frau Oberst", stöhnte Andres, „ich wollte, das Kind wäre nie in mein Haus gekommen!"

„Was", rief sie noch erschrockener aus, „das Wiseli? Kann dieses Kind Euch ein Leid angetan haben?"

„Ach, um's Himmels willen, nein, Frau Oberst, so meine ich's nicht", entgegnete Andres in Aufregung; „aber nun ist das Kind bei mir gewesen und hat mir ein Leben gemacht in meinem Häuschen, wie im Paradies, und jetzt muß ich das Kind wieder hergeben, und alles wird viel öder und leerer um mich her sein, als vorher. Ich kann es nicht aushalten; Sie können sich gar nicht denken, wie lieb mir das Kind ist; ich kann es nicht aushalten, wenn sie mir's wegnehmen. Morgen muß es gehen, der Vetter-Götti hat schon zweimal den Buben geschickt; es müsse nun zurück, morgen müsse es sein. Und dann ist noch etwas, das mir fast das Herz zersprengt: seitdem der Vetter-Götti geschickt hat, ist das Kind ganz still geworden und weint heimlich; es will es nicht so zeigen, aber man kann's wohl sehen, es macht ihm so schwer, zu gehen, und morgen muß es sein. Ich übertreibe nicht, Frau Oberst, aber das kann ich sagen: alles, was ich seit dreißig Jahren erspart und erarbeitet habe, gäbe ich seinem Vetter-Götti, wenn er mir das Kind ließe."

Die Frau Oberst hatte den aufgeregten Andres ganz fertig reden lassen; jetzt sagte sie ruhig: „Das würde ich nicht tun an Eurer Stelle, ich würde es ganz anders machen."

Andres schaute sie fragend an.

„Seht, Andres, so würde ich es machen: ich würde sagen: 'All' mein wohlverdientes Gut will ich jemandem zurücklassen, der mir lieb ist. Ich will das Wiseli an Kindes Statt annehmen, ich will sein Vater sein, und es soll von Stund an als mein Kind in meinem Hause bleiben.' Würde es Euch nicht gefallen so, Andres?"

Der Andres hatte lautlos zugehört und seine Augen waren immer größer geworden. Jetzt ergriff er vor Bewegung die Hand der Frau Oberst und drückte sie gewaltig zusammen, dann keuchte er hervor:

„Kann man das wirklich machen? Könnte ich das mit dem Wiseli tun, so daß ich sagen könnte: das Wiseli ist mein Kind, mein eigenes Kind, und niemand hat mehr ein Recht an das Kind, und kein Mensch kann es mir mehr nehmen?"

„Das könnt Ihr, Andres", versicherte die Frau Oberst, „geradeso! Sobald das Wiseli Euer Kind ist, hat kein Mensch mehr ein Recht auf das Kind, Ihr seid der Vater. Und seht, Andres, weil ich mir gedacht hatte, Ihr könntet den Wunsch haben, das Wiseli zu behalten, so habe ich meinen Mann gebeten, heute nicht fortzugehen, im Fall Ihr etwa gern gleich nach der Stadt in die Kanzlei fahren würdet, daß alles bald festgesetzt werde, denn zu Fuß könnt Ihr noch nicht gehen."

Andres wußte gar nicht, was er tat vor Aufregung und Freude. Er lief dahin und dorthin und suchte den Sonntagsrock; dann rief er ein Mal ums andere: „Ist es auch sicher wahr? Kann's auch sein?" Dann stand er wieder vor die Frau Oberst hin und fragte: „Kann es jetzt sein, gleich jetzt, heut' noch?"

„Gleich jetzt", versicherte sie; doch gab sie nun dem Schreiner Andres die Hand zum Abschied, sie mußte gehen und ihrem Manne mitteilen, daß Andres schon reisefertig sei.

„Ihr solltet es dem Wiseli erst am Abend sagen, wenn alles gut eingeleitet ist und Ihr wieder ruhig daheim seid", bemerkte die Frau Oberst noch unter der Tür; „meint Ihr nicht?"

„Ja, sicher, sicher", gab Andres zur Antwort; „jetzt könnt' ich's fast nicht sagen."

Als die Tür sich schloß, setzte sich Andres auf seinen Stuhl nieder und zitterte an Händen und Füßen so sehr, daß er meinte, er könne nie mehr davon aufstehen, so war ihm die Freude und Aufregung in alle Glieder gefahren. Es währte aber kaum eine halbe Stunde, da kam schon des Obersten Wagen angefahren und hielt still am Gärtchen des Schreiners, und zu Wiselis unbeschreiblichem Erstaunen stieg der Knecht von seinem Sitz herunter, kam herein, und nach wenigen Minuten sah es, wie er wieder herauskam, den Schreiner Andres mit beiden Armen festhielt und ihm dann in den Wagen hinein half. Wiseli schaute dem Fuhrwerk nach, als bewege sich etwas Unfaßliches vor seinen Augen, denn der Schreiner Andres hatte kein Wort mehr zu ihm sagen können, nicht einmal, daß er ausfahren werde. So wie er sich niedergesetzt hatte, war er sitzen geblieben, bis der Knecht ihn herausholte, und das Wiseli hatte sich immer noch verborgen gehalten. Jetzt ging es in die Stube hinein und saß ans Fenster, wo sonst der Schreiner Andres saß, und konnte gar nichts anderes mehr denken als nur immerzu: „Heute ist der letzte Tag, und morgen muß ich zum

Vetter-Götti." Als der Mittag herankam, ging Wiseli in die Küche hinaus und machte zurecht, was der Andres essen sollte; aber er kam nicht, und es wollte nichts berühren, bis er auch dabei war. So ging es wieder hinein, und auf der Stelle stand der traurige Gedanke wieder vor ihm und es mußte ihm wieder nachhangen. Aber endlich wurde es so müde davon, daß sein Kopf ihm auf die Schulter fiel und es fest einschlief; aber noch im Schlaf mußte es immer sagen: „Und morgen muß ich zum Vetter-Götti." Und Wiseli sah nicht, wie leise der helle Abendschein in die Stube hineinfiel und einen schönen Tag verkündigte.

Wiseli schoß auf, als jemand die Stubentür öffnete; es war der Schreiner Andres. Das Glück leuchtete ihm aus den Augen wie heller Sonnenschein, so hatte ihn Wiseli noch nie gesehen. Es schaute verwundert zu ihm auf. Jetzt mußte er auf seinen Stuhl sitzen und Atem holen vor Bewegung, nicht vor Erschöpfung; dann rief er mit triumphierender Stimme:

„Es ist wahr, Wiseli, es ist alles wirklich wahr! Die Herren haben alle 'Ja' gesagt. Du gehörst mir, ich bin dein Vater, sag mir einmal 'Vater'!"

Wiseli war ganz schneeweiß geworden; es stand da und starrte den Andres an, aber es sagte kein Wort und bewegte sich nicht.

„Ja so, ja so", fing Andres wieder an; „du kannst es ja nicht begreifen, es kommt mir alles durcheinander vor Freuden; jetzt will ich von vorn anfangen. Siehst du, Wiseli, jetzt eben habe ich es in der Kanzlei verschrieben: du bist jetzt mein Kind und ich bin dein Vater, und du bleibst hier bei mir für immer und gehst nie mehr zurück zum Vetter-Götti, hier bist du daheim, hier bei mir."

103

Jetzt hatte Wiseli alles begriffen. Auf einmal sprang es auf den Andres zu und umfaßte ihn mit beiden Armen und rief: „Vater! Vater!" Der Andres brachte kein Wort mehr hervor und das Wiseli auch nicht, denn es kam ihm so viel zusammen im Herzen und in den Gedanken, daß es ganz überwältigt wurde. Aber mit einem Male war es, als ob ihm ein helles Licht aufginge; es schaute den Andres mit leuchtenden Augen an und rief frohlockend: „O Vater, jetzt weiß ich alles, wie es zugegangen ist und wer dazu geholfen hat."

„So, so, und wer denn, Wiseli?" fragte er.

„Die Mutter!" war die rasche Antwort.

„Die Mutter?" wiederholte Andres, ein wenig erstaunt, „wie meinst du das, Wiseli? wie meinst du das?"

Jetzt erzählte das Kind, wie es die Mutter gesehen hatte, ganz deutlich, wie sie es bei der Hand genommen und ihm einen sonnigen Weg gezeigt und gesagt hatte: „Sieh, Wiseli, das ist dein Weg." – „Und jetzt, Vater", rief Wiseli immer eifriger fort, „jetzt ist mir auf einmal in den Sinn gekommen, wie der Weg war, gerade so, wie der draußen im Garten, wenn die Sonne darauf scheint und die Nelken so rot glühen und auf der anderen Seite die Rosen, und die Mutter hat ihn schon gekannt und hat gewiß das ganze Jahr am lieben Gott angehalten, daß ich dürfe auf den Weg kommen, sie hat schon gewußt, wie gut ich es bei dir haben würde, wie sonst nirgends auf der ganzen Welt. Das glaubst du jetzt auch, Vater, daß alles so gegangen ist, nicht wahr, seit du weißt, daß die Mutter mir den Weg bei den Nelken gezeigt hat?"

Der gute Andres konnte nichts sagen, die hellen Tränen liefen ihm die Wangen hinunter; dabei aber lachte ihm eine solche Freude aus den nassen Augen, daß es dem Wiseli nicht bange wurde. Als er aber endlich etwas sagen wollte, da hörte man nichts davon, denn in dem Augenblick wurde mit einem ungeheuren Knall die Tür aufgeschlagen und herein sprang mit einem Satz bis mitten in die Stube der Otto, dann machte er noch einen großen Sprung über einen Stuhl weg und rief: „Juhe, wir haben's gewonnen, und das Wiseli ist erlöst!" Hinter ihm stürzte das Miezchen hervor, rannte gleich auf seinen Freund los und sagte mit bedeutungsvollem Winken gegen die Tür hin: „Jetzt, Andres, wirst du gleich sehen, was kommt zum Genesungsfest!", und eh' es noch fertig gesprochen, arbeitete der Bäckerjunge sich zur Tür herein mit einem so ungeheuren Brett auf dem Kopf, daß er in der Tür stecken blieb und nicht damit weiterdringen konnte. Aber von hinten kam eine kräftige Hand, die hob und schob und stützte das wankende Gebäude, bis es glücklich in der Stube angelangt und auf den Tisch gesetzt war, den es gänzlich bedeckte, von oben bis unten. Denn Otto und Miezchen hatten ersonnen, aus ihren Sparbüchsen zum Genesungsfest den allergrößten Rahmkuchen machen zu lassen, den ein Mensch machen könnte. Da er nun zu klein geworden wäre als runder Kuchen, so hatte man ihn viereckig gemacht, so daß er den Ofen ausfüllte von vorn bis hinten und nun den ganzen Tisch bedeckte. Auf den Boden hin stellte nun die Trine, die hinter dem Bäckerjungen hilfreich hereingekommen war, ihren großen Korb nieder; da war ein schöner Braten darin und stärkender Wein dazu, denn die Frau Oberst hatte gesagt, heute habe der Andres gewiß noch keinen Bissen gegessen, und vielleicht noch dazu das Wiseli nicht, und so war es auch, und jetzt merkte es auch das Wiseli auf einmal, als es alle die einladenden Sachen vor sich sah. Nun setzte sich die ganze

Gesellschaft zu Tisch, und man konnte gar nicht absehen, wer von allen das fröhlichste Gesicht am Tische hatte. Vor allem mußte der Riesenkuchen in der Mitte zerschnitten und die Hälfte auf den Boden gelegt werden, daß man Platz bekam, und nun folgte ein Festessen von so fröhlicher Art, daß noch gar nie ein fröhlicheres stattgefunden hat, denn jedem, das an diesem Tisch saß, war sein höchster Wunsch in Erfüllung gegangen.

Wie es nun spät geworden war unter all der Freude und man endlich vom Tisch aufstehen mußte – denn die Trine stand schon lange bereit zum Abholen –, da sagte Andres: „Heut' habt ihr das Fest bereitet, aber auf den Sonntag will ich auch eins bereiten, dann kommt ihr wieder, und das soll das Fest des Einstandes sein für mein Töchterchen."

Nun schüttelten sich alle die Hände in der frohen Aussicht auf ein neues herrliches Fest und auf die immerwährende Befriedigung, das Wiseli beim Schreiner Andres zu wissen. Unter der Tür aber gab Wiseli dem Otto noch einmal die Hand und sagte:

„Ich danke dir hunderttausendmal für alles Gute, Otto. Der Chäppi hat mir auch nie mehr etwas an den Kopf geworfen, weil er nicht durfte; das habe ich nur dir zu danken."

„Und ich danke dir auch, Wiseli", entgegnete Otto; „ich habe gar nie mehr die Fetzen auflesen müssen in der Schule; das habe ich nur dir zu danken."

„Und ich auch", behauptete Miezchen, denn es wollte nicht weniger erfreuliche Erfahrungen gemacht haben.

Als nun in dem Stübchen alles still geworden war und der Mondschein leise durchs Fenster hereinkam, bei dem der

Schreiner Andres abgesessen war, während das Wiseli noch alles aufräumen wollte, da kam es zu ihm heran und sagte, indem es seine Hände faltete:

„Vater, soll ich nicht den Liedervers der Mutter dir laut vorbeten? Ich hab' ihn heut' Abend immer wieder leise für mich sagen müssen, den will ich gewiß mein ganzes Leben lang nie vergessen."

Andres war sehr zufrieden, den Vers zu hören, und Wiseli schaute zu den Sternen auf und sagte tief aus seinem Herzen heraus:

„Befiehl du deine Wege,
Und was dein Herze kränkt,
Der allertreu'sten Pflege
Des, der den Himmel lenkt.

Der Wolken, Luft und Winden
Gibt Wege, Lauf und Bahn,
Der wird auch Wege finden,
Da dein Fuß gehen kann."

* * * * *

Von diesem Tage an war und blieb das allerglücklichste Haus im ganzen Dorf und im ganzen Land das Häuschen des Schreiners Andres mit dem sonnigen Nelkengarten. – Wo seither das Wiseli sich blicken ließ, da waren alle Leute so freundlich mit ihm, daß es nur staunen mußte. Denn vorher hatten sie es nie beachtet, und der Vetter-Götti und die Base gingen nie am Haus vorbei, ohne schnell hereinzukommen und ihm die Hand zu geben und zu sagen, es solle auch zu ihnen kommen.

Über diese Wendung war das Wiseli froh, denn es hatte immer einen heimlichen Schrecken gehabt beim Gedanken, was der Vetter-Götti zu allem sagen werde. So war Wiseli von aller Angst befreit und ging fröhlich seinen Weg; im stillen aber dachte es oftmals: „Der Otto und die Seinigen waren gut mit mir, als es mir schlecht ging und ich gar niemand mehr auf der Welt hatte; aber die anderen Leute sind erst freundlich mit mir geworden, seit es mir gut geht und ich einen Vater habe; ich weiß ganz gut, wer es am besten mit mir meint."